筒井清輝
Kiyoteru Tsutsui

# 人権と国家

## ――理念の力と国際政治の現実

Eurus
Notus
Boreas
Zephyrus

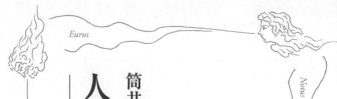

# はじめに

最近、人権という言葉が世間の耳目を集めている。それも、国際政治やビジネス、スポーツなど、今までとは違った文脈で、今までよりも馴染みのあるメディアを通して。ある世論調査によれば、日本人の6割近くが、この1年で人権問題に対する関心が高まったと思っているという(https://www.biglobe.co.jp/pressroom/info/2021/10/211015-1)。人権外交、人権のためのボイコット、サプライチェーン上の人権リスク、人権デューディリジェンス、SDGsの中の人権、ダイバーシティーと人権などのキーワードが、画面と紙面を賑わせている。我々がこれらの議論に触れる機会が増えたのは、国家と人権や、ビジネスと人権の関係が日本でもより注目され、国際社会で日本の人権に関する立ち位置が問われるようになってきているからであろう。もちろん、基本的人権の尊重を憲法の三大原則の一つに掲げる戦後日本で、国内での人権問題はこれまでもよく議論されてきた。しかし、現在の人権に対する関心は、国際人権との関連、特に他国での人権問題に日本がどう関わるかについての議論が、以前より大幅に増えてきているところが少し違う。

我々が毎日使うスマートフォンを作る過程で、その材料となるレアアース鉱物の採取が児童労働によって行われ、その製造工場ではろくに休憩ももらえないような非人道的な労働条件があるとすれば、我々はそれを無視してはならないのではないか。我々が日常的に着用するファストファッションブランドの服に、ジェノサイドが疑われている新疆ウイグル地区で作られた綿が使われているとすれば、我々は何らかの行動を取らなければならないはずだ。日本は国家としてもっと真剣に海外の人権問題に取り組み、例えばクーデターで政権を奪ったミャンマーの軍政とのビジネスを続けていくべきか、あるいは中国政府による人権侵害を理由に北京オリンピックを外交ボイコットするべきか、などの問題についてよりはっきりした態度表明をする必要がある。多くの人がそのような感覚を抱き始めながら、なぜそう考えるのか、またそうした問題意識を具体的にどう行動につなげていけばいいのかがはっきりわからず、人権という理念とどう向き合っていけばいいのか測りかねているのではないだろうか。

なぜ我々は、他国での人権状況を気に病み、それに対応した行動を取らなくてはならないのか。また、我々はいつから、このように遠い異国での人権侵害に思いを馳せるようになったのか。そして、我々が何か行動を取ったところで、それが実際に何らかの影響を持つのか。本書はこれらの疑問に答えるために、人権理念の発展の歴史を解き明かし、国際人権の現在を検証し、日本国と日本人がこれから人権とどのように関わっていくべきかを問う試みである。

我々はどうやって、自分の属する社会集団の外にいる人々の痛みや苦しみに共感できるようになったのか。また、人は人たるだけで基本的な人権を保障されなければならないという普遍的人権の考え方は、いかにして世界中に広まったのか。第1章では、この人権の普遍性原理の発展の歴史を辿る。次に、人権が普遍的なものだとしても、なぜ我々が、他の国で起こっている人権侵害にリスクを取ってまで干渉しなければならないのか。そもそも、どの国家にとっても内政に対する外からの干渉は一義的に厄介なものであるのに、なぜ多くの国家が集まる国際機関で人権に関わる内政干渉を認める制度が作り上げられてきたのか。第2章では、この内政干渉肯定の原理の確立にまつわるパラドックスを解き明かす。これら最初の二つの章では、過去数世紀の間に、大国間の駆け引きの中で大義として使われた人権が、予期せぬ形で徐々に正当性を獲得し、同時に一般市民の間でもメディアや大衆文化を通じて普遍的人権に対する感覚が醸成され、それが市民社会での人権活動を触発し、ついには国際人権が現在の強固な地位を確保するに至ったことが明らかにされる。それは、国家の力と力がぶつかり合う国際政治の舞台で、国家の力を制限する人権という価値観が強力な正当性を持って浮上するという逆説的な歴史の流れであった。

このように普遍的な人権理念に基づいて、国際社会が外から人権侵害に干渉することができるようになったとはいえ、国際人権の仕組みは実際に世界中での人権の実践の向上に役に立ってきたのか。第3章では、この国際人権の実効性に関して具体例をもとに検証する。そこでは、国際社会がたびたびジェノサイドのような大規模な人権侵害を止めることに失敗してきたこと、しかし、それより小規模の、より日常に根ざした人権問題に関しては、根気強い取り組みによって長期的に人権状況を改善したケースが多々あることなどが明らかにされる。さらに、人権の実践への影響を考える場合、普遍的人権の考え方が、世界中至る所で、一般市民の人権感覚を刺激し、それまで不平等や不正義に忍従を重ねてきた人々に声を発する力を与えてきたこと、そして、国際人権機構がそうした人々の声を拾い上げる場となり、自国の政府に抑圧された人々も、人権侵害を世界に訴えかけられるようになり、そうした外からのプレッシャーがしばしば人権状況の向上を可能にしたことも見逃してはならない。

最後の第4章では、こうした国際人権の発展の歴史の中で、日本はどのように国際人権と関わってきたのか、そしてこれからどのように国際人権の理念および制度と向き合っていけば良いのかを考えていく。日本は人権に関する国際社会からの批判に比較的敏感な国であり、国際人権との関わりにおいて、様々な分野で人権実践の向上を果たしてきた。その一方で、女性の権利や移民・難民の権利、刑法制度など、なかなか改革が進まない分野も少なくない。また外交においては、戦前には人種平等の原則を世界に訴えるなど、国際人権に関わる発信も試みた日本であったが、戦後は独自の関与外交路線を取り、長年にわたって他国の人権状況には干渉しない傾向があった。しかし、近年の価値観外交の台頭によって、インド太平洋地域で人権と自由、民主主義、法の支配を広げるというのが、日本の外交針路となり、その結果として我々が国際人権について考える機会が増えてきた。この路線は、人権の向上を望む立場からは歓迎するべきものであり、リベラルな国際秩序が揺らいでいると言われる現代の国際社会で、日本が国際人権をリードするような立場に立つのであれば、それは日本の戦後の歩みの中でも画期的な出来事になるであろう。ただし、国際人権にコミットするのであれば、それが普遍的に当てはまる理念であって、特定の国との関係においてだけ持ち出せばいいというものではないこと、また他国の人権を批判するということは、その批判が自国の国内の人権状況にも返ってくるということは自覚しておかなければならない。

本書の議論や具体例などは、筆者がアメリカの大学で長年受け持ってきた国際人権の授業の中で出てきたものが多い。アメリカの大学社会は基本的にリベラルな学生が多いし、人権のようなトピックでは、ポリティカル・コレクトネスと呼ばれる社会正義に寄せるような方向に議論が進む傾向は否めない。しかし、言論・思想の自由を尊重し、異なる意見を大事にするアメリカの本領を見ることもしばしばであり、学生たちの新鮮な感性と聡明な頭脳に刺激を受けながら、何度も眼から鱗が落ちる思いをしたのを思い出す。トランプ的な自国第一外交が台頭するずっと以前に、アフリカでジェノサイドを止めるのもいいが、産業衰退で貧困に喘ぐ中西部の自分たちのコミュニティーを再建するのが、正しい合衆国政府予算の使い道だと訴えかけたミシガン州フリント出身の学生。正式な書類を持たない移民の人々の法的手続きを手伝うNGOを運営し、人権理念に深くコミットしながら、カトリック教徒の女性として、女性の権利と胎児の命との間で中絶問題をどう考えればいいのか悩んで相談に来た学生。中国から外に出て、初めて天安門事件のことを学び、祖国の民主主義の発展を望み、数々の人権問題に頭を悩ませながら、その経済発展を優先する政策にも理解を示し、大国としての台頭に誇りも持っていた中国出身の学生。これらの学生たちとの交流からたくさんのことを学ばせてもらった。

また大学の人権センターの所長などを務めさせてもらったこともあって、これまでに人権侵害と戦う多くの政治家・実務家・運動家と出会えたことも幸運なことであった。イスラム教国モルディブ共和国で初めて民主的に大統領に選ばれ、地球温暖化で沈みゆく島国の危機を訴えるために海の中で閣議を開くなどのパフォーマンスもしたモハメド・ナシード氏。軍によるクーデターで辞任を余儀なくされ亡命していた時に講演をしてもらったが、その後政情が良くなって本国で国民議会議長として復権していた矢先、２０２１年5月にテロと見られる爆発事件で暗殺されそうになり、重体となってしまった。

映画「ホテル・ルワンダ」で名優ドン・チードルが演じた、虐殺の最中でツチ族の人々を自分のホテルにかくまって救出したホテル・オーナーの実在のモデルであったポール・ルセサバギナ氏。ルワンダでのジェノサイドから20年のイベントで講演に来てもらった時に、日本ももっとアフリカで貢献してほしいという話を聞いた。すでにジェノサイドの後にできたカガメ政権が独裁的であるとして批判していたが、その後、対立は先鋭化し、テロ組織に資金援助して政府の転覆を図ったとして、２０２１年9月に禁固25年の刑に処せられたという残念なニュースが届いた。

ベラルーシで、ルカシェンコ大統領を批判して逮捕された反体制活動家の夫の代わりに大統領選挙に出馬し、公式発表では敗れたものの選挙の不正を訴えているスヴャトラーナ・ツィハノウスカヤ氏。2021年7月にホワイトハウスでバイデン大統領と会談したその足で筆者の勤務するスタンフォード大学を訪問され、国連・国際社会の果たすべき役割に関する筆者の質問に丁寧に答えてもらった。ソビエト連邦崩壊後の1994年からベラルーシの大統領を務め、ヨーロッパ最後の独裁者と呼ばれるアレクサンドル・ルカシェンコ氏はその後も独裁の手綱を緩めることなく、彼女は今も亡命を余儀なくされている。国際人権の現場では、世界中でこの3人のような人たちが人権のために身を賭して戦っている。

また、大学グッズの生産ルートでの人権侵害をなくすための学内監視組織の委員を務めたことも、サプライチェーンでの人権リスクについて学ぶ貴重な機会であった。自分の大学のロゴをつけたTシャツやスポーツ用品などが、海外のスウェットショップと呼ばれる劣悪な労働環境の工場で作られているという事態を防ぐための大学挙げての取り組みの本気度は、毎月の会議での真剣な議論と検証、そして学長が定期的にミーティングに顔を出すことでも伝わってきた。もともとは大学の評判を下げないためというリスクマネージメントの発想から始まったことだが、関連工場の労働条件の認定を請け負うNGOの真摯な取り組みもあって、今ではグッズだけでなく大学の食堂で使う食材の生産過程での人権侵害にまでその守備範囲は広がっている。

国際人権を学び社会へ巣立っていく学生たち、人権のために戦う政治家・実務家・運動家、国境を越えて人権を守る取り組みを進める大学や企業、NGOなどの組織。こうした人々・組織の重層的な不断の努力の世界中での集積によって、国際人権の営みは支えられている。この営みが意義あるものとなるためには、国際人権の理念としての理想を大事にしながら、国際政治の現実を見極め、個々の人権問題に関して適切な判断を下して行動する能力が必要になってくる。この「人権力」とも呼べる能力は、民主主義勢力と権威主義勢力がぶつかり合う現在の国際情勢の中で、ますます重要になってくる。

国際政治の理想と現実に深い洞察を示したE・H・カーは、軍事力と経済力とともに、「意見を支配する力」を国際社会で重要な力としてあげた。今日の国際情勢では、人権に関して適切に判断し行動する「人権力」は、意見を支配する力の中核をなしており、権威主義勢力でさえ人権理念を真っ向から否定することは少ない。この「人権力」をつけるためには、まず国際社会でどのように人権理念が発展し、国際政治システムにどうやって組み込まれてきたのかを理解しなければならない。その理解をもとに、ポピュリズムや人種主義、移民排斥運動の台頭で危機にあると言われる現在の人権理念の位置付けを理解し、個々の人権問題について的確な判断をすることが求められる。人権問題は政治家や官僚だけに任せておけばいい問題ではなく、国家や企業だけを批判していれば済むことでもない。我々一人一人が自分の頭で人権について考え、「人権力」をつけ、身の周りの人権侵害から国際政治の中の人権問題まで、幅広く人権について考え続けていくことが必要になってくる。本書がそのような努力のための一助となり、日本の人権力向上に資するものとなることを祈念しつつ序文としたい。

# 目次

世界人権宣言のポスターを掲げるエレノア・ローズベルト．1949年11月，国連安全保障理事会本部が当時置かれていたニューヨーク州 Lake Success にて(FDR Presidential Library & Museum. https://www.flickr.com/photos/fdrlibrary/27758131387/)．

# 第1章
# 普遍的人権のルーツ
## (18世紀から20世紀半ばまで)
## ──普遍性原理の発展史

## Q 人権理念や制度はいつ生まれたものなのか？

### 人権の起源

現在我々が当然のことと考えている人権理念や制度はいつ生まれたものなのか？　人権の起源に関するこの問いに答えるべく、２０００年代半ば以降、歴史学者や法制史学者を中心に、多くの研究者が意欲的な研究を発表してきた。そこではまず普遍的人権の前段階として、現在の人権観念につながる古代ギリシャやルネッサンス時代のヨーロッパでの人間の尊厳や自由に対する考え方の発展、啓蒙主義と市民革命の時代における国家権力制限の動き、19世紀以降の奴隷制度廃止運動、女性の権利拡大運動など、現在の人権運動と直接つながる政治運動の展開が扱われる。そして、人権の歴史にとって最も重要な転機として、国連憲章と世界人権宣言が生まれた第二次大戦前後、国際社会で人権への関心が急激な高まりを見せた1970年代、冷戦後に人権制度が実効性を持ち始めたとされる1990年代などが取り上げられる。

人権の歴史に関する近年の研究を最も活気づけたのは、歴史学者サミュエル・モインの『ラスト・ユートピア』であろう(Moyn 2012)。様々な物議を醸したこの本で、モインは国際人権が生まれたのは1970年代であるというラディカルな主張を行い、人権の歴史の連続性と非連続性に関する論争を喚起した。モインを中心とする修正主義者は、それまでの1940年代を国際人権誕生の時代とする正統的な歴史的見解に対して、1970年代以降の国際人権は、その国際性、普遍性において、それまでとは決定的に異なるものであるという議論を展開し、正統主義的な研究者から大きな批判を受けた。

この論争が始まってから10年近く経ち、1970年代が国際人権にとって大きな飛躍の時期であったことは認められるものの、それ以前に国際人権が存在しなかったというような修正主義者の極端な議論は否定されるべきだという理解が一般的となった。人権の歴史については、人権理念が包摂する様々な概念の流れが長い歴史の中で発展・融合し、特に第二次世界大戦以降、大きな濁流となって世界中に広がり、それが1970年代、1990年代などにさらに強力に国際社会を覆う波となったというのが、多くの研究者の間でのコンセンサスである。

それでは、なぜ国際人権はこのような発展の歴史を辿ったのか？　この歴史の中で人権理念はどのように変容してきたのか？　また、国家にとってはその力の行使を制約するものでしかない人権が、なぜ多くの国で法制度に取り込まれるようになり、さらには国際条約や機構で制度化されるようにまでなったのか？

## 普遍的人権という理想

人権の起源について考えるにあたっては、まず人権の定義を考えなくてはならない。弱者救済や平等、正義、自由、尊厳などの人権とも通底する人道主義的な価値観であれば、人間社会に古くから見られたものが多くある。例えばメソポタミア文明のハンムラビ法典などのように、相手を自分と同様の存在と見て、自分がされたいのと同等の対応を相手にもするという発想は、紀元前から見られるものである。また、権力者の力を制限し、法の下で弱い立場にある者の権利を守るという考え方は、１２１５年のマグナ・カルタなどに見られるように中世の社会でも存在していた。

しかし、現在の人権理念は、これらの人道主義的な観念を超えたものである。そしてこの理念を国際社会で最初に規定したのは、１９４８年の世界人権宣言(Universal Declaration of Human

Rights)(本章扉写真)である。この時生まれた普遍的人権(universal human rights)は、相当に革命的な思想で、人類の歴史の中でも画期的なものであった。では、それはどのようにそれまでの人道主義的な思想と違うのか？

まず第一の大きな違いは、普遍的人権は誰もが人間であるというだけで持っている権利であるという点である。人が人であるだけで、宗教、人種、民族、ジェンダー、階層、信条などに関わりなく、基本的な人権を保障されるという思想は、今では当たり前に思われるかもしれないが、これまでの長い人間社会の歴史の中で、20世紀半ばになって初めて世界中で受け入れられた考え方である。人は生まれながらにして固有の権利を持つという、自然権(natural rights)の考え方は、古代ギリシャ以来存在しており、ホッブズやロックなどの啓蒙思想家によって発展を遂げた。その普遍的な方向性から、自然権はその後の人権および民主主義の発展にも大きな影響を及ぼした。しかし、自然権は、主に社会の中での構成員と政府との関係、すなわち社会契約を考える中で、法制度や政府の存在以前の自然状態で人に保障された権利に言及する概念であった。そして、専制政治を行う君主は社会の構成員の自然権を侵害しているのであり、人々は自然権を根拠に君主に対抗できるという考え方が革命の時代に大きな影響を与えた。ロックは、国家が構成員の生命、自由、財産などに関する自然権を守ることを理想としていたが、その場合に想定されていた社会の構成員は限定的に理解され、主に男性、しかもキリスト教徒の白人男性を指していた。すなわち、人は誰しも生まれながらに権利を持つとはいうものの、「人」の範囲が内集団に限定されて理解されていたのである。

自分が所属する社会集団である内集団とその外にある外集団の区別は人間社会に普遍的なものであり、内集団を優先し、その構成員の生活や権利を守るのが社会集団の役目であった。しかし普遍的人権の考え方は、内集団と外集団の区別に関わらず、一定の人権は誰にでも保障されなければならないとするものである。フランス革命後の人権宣言やアメリカの独立宣言などでもこれに近い普遍的な権利が謳われてはいたが、実際の権利主体は白人男性など一部の人々に限定されており、その内集団に入っていない者の権利は恣意的に扱われてきた。普遍的人権観念の下では、このような区別はもはや許されなくなるのである。

人間は多くの場合、外集団に対しては無関心であるか、一定の友好関係を保つか、あるいは脅威として敵対心を持つかであった。内集団と外集団の区別は現在でも当然残っており、内集団を優先する場面が多いことも変わりはないが、普遍的人権思想の普及した現代では、外集団の構成員に甚大な人権侵害が行われている場合には、それに無関心であったり、それを許容することは、道徳的に許されないこととされている。ウガンダで同性愛者が迫害されていることやカザフスタンで反政府勢力が弾圧されていることなどは、普遍的人権思想が確立される前の時代であれば、遠い国の出来事として無視されていたことであろう。しかし、今日の世界では、これらの外集団の人権問題に直接関係を持たない日本人でも、関心や意見を持ち、何らかの行動を起こすことが求められているのである。

この外から干渉する必要があるという点が普遍的人権思想の第二の革新である。20世紀半ばまでの世界では、1648年のウェストファリア条約で定式化された国家主権の原則の下で、国内での政治的・宗教的な事案について、外からとやかく批判したり、何らかのアクションを起こすことは、内政干渉であるとして多くの場合、避けられてきた。これは支配者にとって相互に都合の良いシステムであり、自国がその規範を破って他国の国内政治に干渉すれば、後から他国が自国の内政に干渉してくる事態を招く恐れがあるので、なるべくこれを忌避するのが得策であった。それでもフランスのようなカトリックの国が、他国でのカトリック信徒の弾圧に抗議するとか、ドイツが東欧の国にいるドイツ人の権益を保護するなどの、自国の利益を守る形での干渉は以前からあった。しかし、普遍的人権思想の下での内政への干渉は、しばしば国際社会の連帯の中で、直接の利益を持たない国も巻き込んで行われるのである。

例えば、ミャンマー政府がロヒンギャに対して民族浄化政策を行っているとなれば、直接の権益に関わりなく、多くの国が国際社会としてこの問題に対応することが求められる。また、中国政府が新疆でジェノサイドとも言える人権侵害を行っているということになれば、中国との経済関係などでの権益を失う可能性があっても、この問題を無視することは許されないということになる。

もちろん、このような人権侵害を止めるための内政への干渉や国際的な制裁は、あくまでも理論的な可能性であり、実際には国際政治の現実の前に、実効性のある行動が取られないことが多いのは後に見る通りである。多くの国家が今も国家の主権を聖域と考え、それを冒すことには、反対したり躊躇したりするのが現実である。しかし、普遍的人権思想の下では、少なくとも理論上は、国家の主権の名の下に国内で人権を侵し続けることは許されないのであり、この考え方自体が画期的なものなのだ。

以上をまとめると、自分の属する集団に限らず全ての人間に人権が保障されるという普遍性原理と、他国での見知らぬ人々に対する人権侵害であっても、内政問題であるとして無視してはならないという内政干渉肯定の原理が、現代の国際人権をそれまでの人道主義と区別する二つの柱である。この二つの原理は、それぞれに不都合な要素を含んでいる。普遍性原理は、内集団の利益を優先するはずの人間にとっては必ずしも望ましいものではなく、特に政治的・経済的に優位な立場にある集団が利他的にこれを受け入れるのは、ホッブズ的な競争社会の前提でもルソー的な社会契約論の下でも、合理的な判断には思えない。強い立場にある集団にとっては、遠くの見知らぬ集団の窮状のために立ち上がるというのはリスクとコストが高い行動であり、みすみす自分たちに火の粉がかかるような状況に飛び込んでいくよりは、自分たちの権益を守ることに注力し無関心でいる方が得策であることが多い。また、内政干渉肯定の原理にしても、為政者の権力行使を外から抑制するものであり、国家や権力者にとっては不都合極まりないものであるはずである。にもかかわらず、国家の代表者で構成される国際組織を中心に、普遍的人権が確立され、人権に関する問題で内政干渉が可能なシステムが作り上げられてきたのは、歴史の不思議であると言わざるを得ない。

国際人権が現在のような発展を遂げるためには、これらの不都合が不都合とみなされなくなる必要があった。その歴史の中では、思想家や運動家の献身的な努力や一般市民の善意はもちろん、国家の偽善的な言説や国際社会での競争の中での計算違いなどが大きな役割を果たし、様々な偶然的要素や予測しない展開が見られた。本章ではまず、人権の普遍性原理の発展の歴史を検証し、次章で内政干渉肯定の原理の展開を追うことにする。

## 1　他者への共感と人権運動の広がり

### 共感の拡大と拷問反対運動

普遍的人権思想の根底にあるのは、他者への共感である。しかも、自分もした同じ経験をもとにする他者との共感・同感(sympathy)ではなくて、見知らぬ他者の、自分ではしたことのない経験に思いを馳せて感じる他者への共感(empathy)が重要になってくる。多くの人間が、家族やその延長線上にある内集団の構成員の痛みや苦しみに共感する能力は持っている。しかし、自分とは異質な外集団の構成員に対する共感は、特に政治的・宗教的な距離があればあるほど、難しくなってくる。

近代の国民国家形成の歴史の中で、内集団の拡大が重要であったことは、ベネディクト・アンダーソンの『想像の共同体』などで広く指摘されてきたところである(Anderson 2006[1983])。同じ生活空間で日常的に顔を合わせる者との間に限られてきた共同体の概念を、「国民」という観念に拡大し、一生会うこともない見知らぬ他者でも、同じ国家に属しているという一点で内集団の一員と考えさせるのが、国民国家の思想である。こうして醸成されたナショナリズムは、新聞などのメディアや教育、文化をはじめ、美術館、博物館、地図、歴史、「創られた伝統」などを媒体に、近代国家を構成する国民の形成に貢献してきた(Hobsbawm and Ranger 1983)。

この国民意識の形成は、内集団の拡大にとって重要であり、普遍的人権思想の発展にも貢献したが、集団間の壁を超えて、他の国や他の宗教集団に対する共感を醸成するものではなかった。例えば、明治時代以降に醸成された日本のナショナリズムは、遠くに住む見知らぬ日本人同士の間での共感の発展に大きく貢献し、国内で国民の権利が守られるためには重要な要素であるが、異国に住む見知らぬルワンダ人やクロアチア人への共感には直接つながらないのである。

では、自分とは違う社会集団に属する人間に対する共感はいつ芽生え、どのようにして広がったのか？　リン・ハントは著書『人権を創造する』の中で、啓蒙主義の時代に西欧で流行した書簡体小説にその端緒を見る(Hunt 2007)。サミュエル・リチャードソンやジャン＝ジャック・ルソーによる書簡体小説は、手紙の交換を読むというスタイルで読者の埋没感を高め、登場人物との一体化を促進した。そこで繰り広げられる人間ドラマは、恋愛や結婚、裏切り、出世など世俗的なことが多かったが、登場人物の階層・宗教・国籍・性別の違いが物語のバックボーンをなす場合が多く、そうした社会集団の壁を超えた人間関係を想像させるものとなっていた。

例えば、リチャードソンの代表作『パメラ』では、召使の女性である主人公パメラが、低い身分ゆえに受ける理不尽な仕打ちに苦しみながらも、その精神的美徳を貫き、階層を超えて結婚し、その後もその出自を理由とした屈辱的な扱いを受けながらも、その高潔な振る舞いゆえに周りの人々の尊敬を勝ち取っていく。またルソーの『新エロイーズ』でも、貴族の娘ジュリーが平民の家庭教師の青年と恋に落ちるが、階級を超えた恋に対する家族の反対など様々な障害に直面し、それを乗り越えようとする姿が描かれている。手紙の交換や日記を読むという形態で書かれたこれらの作品で、読者は主人公の視点に立ち、女性の権利が様々に制限された当時の社会で女性が自己実現を図り、強く生き抜く姿を自分に置き換えて体験したのであった。中流階級以上の間での識字率の上昇によって、より幅広く読まれるようになったこれらの小説では、個人が自己の運命を自分で決することが重視されており、この自律性(autonomy)も人権感覚の基盤として重要であった。

こうしたナラティブ構成が、階級や性別を超えた外集団への共感を可能にし、自律的な個人を大事にする人権理念を受け入れる土壌を作ったというのがハントの主張である。そして、後にこの共感の範囲の拡大が、例えばフランスで政治参加の権利がカトリック教徒だけだったのが、プロテスタント、ユダヤ人、黒人へと広がっていくこととつながっていく。これらの小説で中心的な役割を果たした女性の権利はまだ限定されていたが、平等な相続の権利や離婚する権利などは獲得し始めていた。

また、時を同じくして18世紀半ば、南フランスでカラス事件という異教徒迫害の冤罪事件が起こった。カラス家での自殺に際して、司法が父親を殺人犯に仕立て上げ、厳しい拷問の末に死刑に処したが、後に冤罪と認められたという有名な事件である。この事件の背景には、異教徒尋問のためということで長らく教会で正当性を持っていた拷問が、この時期も広く公開で行われていたこと、さらにはヨーロッパでの宗教紛争が影を落とし、南フランスでも新教徒に対する迫害が起こっており、カラス家もその新教徒であったことがある。当時の高明な啓蒙思想家ヴォルテールはこの事件に大きな関心を持ち、カラス家の父の名誉回復に奔走し、それに成功、その後も冤罪事件のための活動に身を捧げた。そして、この事件

カラス事件で悲嘆にくれる人々．ドイツの画家・版画家ダニエル・ホドヴィエツキ作（1768 年．フランス国立図書館蔵．リン・ハント，松浦義弘訳『人権を創造する』岩波書店，2011 年より）．

に触発されて、チェザーレ・ベッカリアが『犯罪と刑罰』を著し、司法改革、特に拷問廃止を訴えるなど、拷問反対運動が高まった。

この運動の中では、人間の身体の尊厳(integrity)が強調され、キリスト教的な価値観とも結び付いて、神によって与えられた身体を冒す拷問の非人道性がクローズアップされた。そして、身体の尊厳を持つ主体はキリスト教徒に限らず、人間誰にでも属する特性であることが徐々に確認されていく。それゆえに、異教徒や異人種でも拷問に処することは憚られるという考え方が広がったのだ。

運動はその後、ヨーロッパ諸国での拷問廃止への流れを作り、19世紀初頭にはヨーロッパのほとんどの国で拷問は法的正当性を失った。この拷問廃止運動は外集団である異教徒に対しても当てはまるものであり、また地理的に限定的であったとはいえ、国境を越えて広く他国にも広がったという点で、最初の国際人権運動と呼べるかもしれない。そしてこれを可能にしたのが、書簡体小説などで広がった他者への共感能力であるというのだ。

ハントの主張には、様々な批判もあり、また反証可能性のあるようなテーゼではないが、18世期の啓蒙思想家と小説家、そして当時の読者市民に普遍的人権のルーツを求める、ユニークな歴史学的試みである。もちろん、啓蒙主義に人権思想のルーツを見出すのは一般的なアプローチであるが、そうした思想家の間での観念的議論が当時の大衆文化と呼べる小説や社会的注目を集めた事件によって、一般に広まり、社会運動を盛り上げ、人権に関連する規範や法制度さえも変えていったのは、その後の国際人権の発展の原型とも言えるモデルであった。

そして、人権思想の内在的論理とも言えるものが、権利主体の範囲を徐々に拡大していくのも、この時期から見られたプロセスであった。ある集団を新しく人権を付与するに値するとみなすことになれば、次には違う集団も同様に扱わなければならなくなる可能性が高まる。人間の身体の尊厳が神聖なものであるとすれば、それは内集団だけでなく、少なくとも周りにいる同じ人間と認識された外集団には広がらなければならない。人間であることがこの原理の適用の基準であるならば、男性だけでなくて女性、さらにはもっと遠くにいる見知らぬ人々にも同じ原則を当てはめなければならない。こうして、異教徒、異人種、異性と次々に人権主体の範囲が拡大され、全ての人間集団が含まれるようになったのが、世界人権宣言である。この人権主体の範囲の拡大は今でも続いており、例えば、一番最近、人権運動に加わった社会集団としては、性的マイノリティーが挙げられるだろう。本書では取り扱わないが、人権理論の議論の中では、この流れは人間集団を超えて、動物やロボットの権利にまで敷衍しているのである。

ウェッジウッド作成のメダリオンに描かれた奴隷(1787年頃．メトロポリタン美術館．布留川正博『奴隷船の世界史』岩波新書，2019年より)．

## 奴隷貿易撤廃運動

ハントが注目した共感の範囲の拡大の重要な実例で、もう一つ最初の国際人権運動と呼ばれうる運動が、18世紀後半から、特に19世紀前半以降に勢いを得た奴隷貿易撤廃運動である。拷問反対運動が、外集団とはいえ、同じ国家の構成員や同じ宗教の信者のために行われたのに対して、奴隷貿易撤廃運動は遥か遠いアフリカの異人種の苦しみに共感を持っての運動であり、より普遍的人権に近い運動と言える。法制史学者のジェニー・マルティネスは著書『奴隷貿易と国際人権法の起源』で、奴隷貿易撤廃へ向けてのこの国際的な流れが、最初の国際人権法廷を作り、国際人権法の最初にして最大の成果とも言われる奴隷貿易の撤廃をもたらしたと言う(Martinez 2012)。奴隷貿易が欧米諸国で大きな利益をもたらしていたこの時代に、いかにしてその撤廃が可能になったのか。

18世紀から19世紀の転換期にあたって、先述の、身体の尊厳に関する理解の広がりとともに、啓蒙思想家の間でもロックからモンテスキュー、ルソーへと次第に奴隷制そのものに対する批判が強まった。この議論は、ハントが見たような人権感覚の発展とも呼応して、侵されざるべき人権という観点から進められ、奴隷船での身体の尊厳など全く尊重しない残虐性が批判され、奴隷貿易に反対する運動に火がつく。

最初に奴隷貿易反対の法律を制定したのはデンマークで、１７９２年のことであった。続いてフランスでも１７９４年に、そしてアメリカ合衆国でも１８０６年には同様の法律が制定されたが、いずれもその法律が廃止されたり実行されなかったりした。こうした中で、奴隷貿易反対運動を国際的に主導したのは、１８０７年に奴隷貿易廃止法を制定したイギリスであった。当時覇権国の地位を確立していたイギリスでは、進歩的なクエーカー教徒などを中心に市民レベルでも反奴隷制運動は広がっており、１７８７年には現在も続く世界最古の人権ＮＧＯとも言える奴隷制反対協会（Anti-Slavery Society）の母体となる団体が結成されていた。こうした国内での市民運動の後押しも受けて、奴隷貿易撤廃への取り組みが強まった。現代の劣悪な労働環境を廃絶する国際運動と同じく、このような運動は、国際的な取り決めを結ばないと、一国だけが人権侵害を是正しても解決はせず、是正した国だけが経済的に損をするというジレンマに陥る。というのも、イギリスがいくら奴隷貿易撤廃法を徹底して実施しても、他国の奴隷船を押収するような措置を取れる法的根拠はなく、その状態では奴隷貿易全体が減る方向には向かい難かったのである。そこでイギリスは、1814〜15年のウィーン会議を皮切りに、ヨーロッパ列強と条約を結び、国際裁判所を作って、実効的措置を伴う法制度によって奴隷貿易撤廃を目指した。

イギリスはまず、法的拘束力がなく比較的ハードルの低い奴隷貿易廃止宣言から入り、続いて1817年にはオランダ、ポルトガル、スペインなどと条約を結び、奴隷貿易廃止のための国際法廷を作った。1826年にはブラジル、1830年代から40年代にはチリ、アルゼンチン、ウルグアイ、ボリビア、エクアドル、1862年になってアメリカ合衆国もこれに参加し、法廷はシエラレオネ、ハバナ、リオデジャネイロ、スリナムに置かれた。アメリカ合衆国が1862年になってようやくこの国際システムに入ってきたのは、リンカーン大統領の反奴隷制度に対する倫理的コミットメントだけでなく、合衆国政府がイギリスとの関係を良好にすることで、イギリスが南軍に加担して南北戦争に参加してくることを防ぐためでもあったという。

この「最初の国際人権法廷」は、600件ものケースを扱い、8万人近い奴隷を解放したとされる。これらの成果は、イギリスがその強大な海軍力をバックに、奴隷貿易撤廃という理念にコミットし、軍事力行使も厭わずに他国籍の奴隷船を取り締まったことで得られたものであった。そして、条約や法廷など法的・制度的な後ろ盾があったことで、長期にわたっての取り組みが可能になり、漸進的にこの問題が解決していったことは、現代の人権問題への対応にとっても示唆的な点である。フランスとアメリカ（1862年まで）という二つの大国が参加していなかったにもかかわらず、残酷な奴隷貿易に反対する理念の力と国際的な法制度の整備によって、この国際システムは大きな成果を上げたのである。

奴隷貿易撤廃という大きな成果とそれにイギリスが果たした役割は否定できないものであり、また、イギリスのこの運動に対するコミットメントが道徳的な価値観に動機付けられていたことも間違いないことである。しかし、マルティネスの研究はこうした点を強調しすぎていて、他の要素を十分に検討していないという批判もある。

まず第一に、19世紀に起こった経済構造の変化が奴隷貿易をめぐる政治的計算に与えた影響がある。奴隷労働に支えられたカリブ海地域諸国での砂糖栽培など大きな経済的利益をもたらす植民地産業が、プランテーションの所有者の力を強めていたが、産業革命が進んだイギリスでは、次第に工場労働に経済の軸足が移り、プランテーションの所有者に代わって新しい産業を動かした資本家が中心的勢力として台頭してきた。これによって、奴隷貿易の必要性は減じられ、奴隷貿易撤廃によるイギリスの経済的損失は限定的であったと言われる。

また、奴隷貿易をなくし、植民地の経済的発展を減速することは、大英帝国の植民地政策上の利害とも一致していた。アメリカ合衆国やハイチの独立をもたらした18世紀後半からの革命の時代を経て、大英帝国は植民地での独自勢力の拡張を抑え、植民者による反乱の可能性を減らす必要性を感じていた。ハイチで１８０４年に起こったような、奴隷や旧奴隷による独立運動は大英帝国の権益を大きく損ねるもので、これを防ぐことは当時の重要な課題であり、植民地での現地勢力の拡大を抑制できる奴隷貿易撤廃は、これに貢献できる政策でもあったのである。

さらに、帝国主義の時代に列強が勢力争いを繰り広げる中で、最強の海軍力を誇った大英帝国にとっては、その制海権を誇示し伸長させるためにも、奴隷貿易撤廃の大義の下に他国の船を止めて検査することは示威行為として有効であった。また、奴隷として捕えられた人々が奴隷船の上で反乱を起こすケースが増えていたことも、奴隷貿易の経済的利益を減らす要素であり、奴隷貿易撤廃を後押ししたと言われる。

これらの経済構造の変化や帝国主義的利害の確保など、様々な要素が複合的に絡んで奴隷貿易撤廃が進んだのであり、奴隷貿易廃止のための国際法廷そのものが果たした役割も、そこでのイギリスの人道主義的なコミットメントも、必要以上に強調されるべきものではない。しかし、大筋ではマルティネスが主張するように、奴隷貿易の残虐性の前に、その痛みに共感し、奴隷も身体の尊厳を守られるべき人間と認識したイギリス発の反対運動がその撤廃に大きく貢献したことは疑いない。これらの要素が全体の中でどれほど重要であったかを判断するのは容易ではない。しかし、当時のイギリスの指導者たちの本当の動機はどうあれ、人道主義的な大義が持ち出され、政治家がこれを使って反対勢力や国民の説得を試み、大英帝国が人道的な観点から奴隷貿易撤廃の旗印を掲げ、それを拘束力を持った国際的な法制度にまで仕上げ、時間はかかっても、最終的には目標を達成したという点で、奴隷貿易撤廃運動は現代の人権運動にも大きな示唆を与える歴史的な国際人権運動であったことは間違いない。

もう一つ特記すべきは、１８１７年に最初の奴隷貿易廃止条約が結ばれてから、１８６２年にアメリカ合衆国がこの条約に加盟して、事実上大西洋間の奴隷貿易が終わるまでには45年もの歳月を要したということである。強大な覇権国家であったイギリスをもってしても、また奴隷貿易廃止のようなかなり広範な倫理的支持のあった問題であっても、人権の実践の改善にはこれだけ長い時間がかかったのであり、制度的に深く根付いていて、既得権益がある社会制度の改革には長期的な取り組みが必要なことは、銘記しておかなければならない。

### 女性の権利に関わる人権運動

より広い他者への共感と、身体の尊厳に対する意識が広がり出した19世紀には、他にも抑圧された人々が権利獲得を目指す運動が出てきた。中でも、最も早い時期に現れ国際的な広がりを持ったのが女性の権利獲得運動であるが、実はこの運動の契機は奴隷制反対運動の中にあった。

奴隷制反対運動には少なからぬ女性運動家も参加していたが、彼女たちは、白人と黒人との間の差別に対する憤りに動機付けられていたこの運動の中で、男性と女性との間の差別が無批判に受け入れられていた矛盾に強く反発した。例えば、１８４０年の世界反奴隷制会議で、女性の参加者が男性と同じように席につくことが許されなかったことや、解放された奴隷に参政権などを与えるように主張する中で、それが男性に限られており、女性の場合は奴隷の地位から解放されても同じような権利を与えることが支持されなかったことなどが、その顕著な具体例である。こうした矛盾にあちこちで触れる中で、女性運動家たちは団結を強め、それが女性の権利獲得運動の契機になった。奴隷制反対運動という一つの国際人権運動の中での権利主体の範囲を拡大する議論から、女性の権利という違う国際人権運動の種が芽生えたのであった(Keck and Sikkink 1998)。このことは、この時期の人権感覚の段階的な広がりを象徴すると同時に、人権観念やそれに基づく社会運動が、当初のターゲットを超えて、様々な集団や個人を力づけ、人権運動へと向かわせる力があることの最も古い実例の一つである。

こうして、男女の権利の明確な違いという矛盾に憤った女性運動家たちが、19世紀半ば以降、運動を組織化し、参政権に焦点を絞って女性の権利の拡大を進めていった。この時期、財産権や、教育を受ける権利、婚姻にまつわる権利など、女性の権利に関わる論点はいろいろあったが、中でも参政権は、男性社会からの反発を最も買う問題であった。民主主義的な価値観が広がり、宗教的マイノリティーや一部の人種的マイノリティーにも、限定的ながらも何らかの参政権が与えられていく中で、女性に参政権が認められないことは明らかな矛盾であった。しかし当時は、選挙に参加し政治のあり方を決めるという行為は、知識と教養に恵まれた一部の男性にしかできない社会行為であるという考え方が強く、その男性の範囲は宗教・階層・人種も超えて少しずつ広まっていったが、その「特権」が女性にまで拡大されるのにはさらに長い時間を要した。女性の役割は家庭にあるという偏見が根強く、公共の場に積極的に出て、政治的決定に関する議論に加わることは、女性にはできないというような議論が公然と受け入れられていたのであった。もちろん、一部のアメリカ植民地や、ハワイ、先住民のコミュニティーなどの例外はあったが、欧米の近代民主主義国家の仕組みの中では、女性を政治に参加させて個人としての自立を認めるというのは、半ば革命的な発想であった。そこで女性運動家たちは、あえてこの問題に運動の焦点を絞り、民主主義および平等の理念と、政治参加の現実とのギャップをつき、女性の権利の広範な拡大を図った。

この女性参政権(female suffrage)獲得運動は、ヨーロッパやアメリカで国境を越えて互いを刺激し合うような形で広がっていった。この運動には、アメリカであればエリザベス・ケイディー・スタントンらによって開かれた1848年のセネカ・フォールズ集会、イギリスではメアリー・ウォルストンクラフトの著作以来の100年以上の地道な運動を経て、1903年にエメリン・パンクハーストらによって作られた婦人社会政治連合による、テロも厭わない運動の先鋭化などの大きな分岐点があった。これらの運動が社会の耳目を集め、男性のみの参政権という現実に内在する論理的矛盾を指摘していく中で、女性の参政権は欧米で広範に広がっていく。

この運動の中でも、国家と国家のぶつかり合いが、各国の人権政策に大きな影響をもたらした。ただし、奴隷貿易撤廃運動の時のように、イギリスが他国をリードする形でというよりは、史上最大の全面戦争(total war)となった第一次世界大戦(1914~1918年)が各国の中で下からの突き上げを誘発して変革をもたらしたのであった。第一次大戦に際しては、米英などが民主主義のための国民戦争を謳い、後方戦線で女性に多くの負担を強いながらも、国民の半分を占める女性が参政権を持たないという矛盾が露呈した。この時期多くの国で、女性は国家のために戦争に協力し、工場で武器や弾薬などの製造に貢献し、戦場で多くの男性が命を落とした後の、戦後の国家再建にも大きな貢献をした。こうして、女性が家庭の外に出て、社会の公的な活動に参加して国に貢献できることが証明され、女性は自立した政治的判断ができないから政治には参加できないという議論は正当性を失っていく。その結果、欧米の多くの国で第一次大戦後の数年の間に女性参政権が認められた。

ただし、ここでもその変化の遅さには注目しておかなければならない。1840年代から活発な運動が起こっていたアメリカでも、女性の参政権が実現したのは1920年、スイスに至っては、運動が始まって100年以上経った1971年までかかったのである。現在の先進国が、例えばアフガニスタンなどで女性の権利の前進のペースの遅さを批判する場合、自分たちの国でもこのようなジェンダーに関わる社会的規範の変化には相当の時間を要したことは認識しておかなければならない。

この時期、参政権運動以外にも、中国での纏足《てんそく》に反対する運動、アフリカ・中近東での女性器切除(Female Genital Mutilation: FGM)に反対する運動など、現在の国際的な女性の権利運動に通じるような動きも現れた。これらは、女性の身体に社会的な要請、それも主に男性の期待に合わせた何らかの強制的な変更(纏足であれば女性の足を無理やり小さくする、FGMは女性器の一部を割礼する)を加えようとする行為で、身体の尊厳の考え方に反するものであった。こうした行為は女性の成人になる過程での通過儀礼として当然のように行われていたが、帝国主義の触手が伸び、欧米人がアジアやアフリカに進出する中でこうした儀礼に触れ、その残酷性を当時の欧米の基準から蛮行と判断してやめさせようとするものであった。これらの運動は帝国主義的な側面があったのみならず、宗教色の濃いものでもあった。キリスト教への改宗に重点を置くカトリック系の宣教師は、改宗を妨げる可能性のあるこうした問題にむしろあまり触れない傾向があったが、改革主義的な福音派の宣教師は、これらの慣習を撤廃する運動に深くコミットした。

この二つの慣習はいずれも当該社会・文化に深く根付いていたものであったが、反対運動の結果は対照的なものとなった。中国での纏足反対運動は、19世紀から20世紀初頭の中国の、国としての後退の中で、中国人のリーダー自体が改革の必要性を認識し、古い慣習が中国の進歩を阻害しているという理解の下、自発的な形で纏足をやめる動きが広がった。この運動では、欧米の運動家がまず中国人の精神的・宗教的指導者を説得して、地域の指導者を主体として運動を広げたことが功を奏した。

一方で、FGM反対運動は、欧米の運動家が地元の共同体とその指導者に敬意を払わず、単なる文明的に遅れた社会の蛮行として強く批判したことから、多くの国で女性も含めて、共同体の中から運動への反発が起こった。ケニアなどでは、この反発がナショナリズムと結び付き、イギリスからの独立運動にも貢献することになった。FGM反対運動は、このパターンを繰り返し、ようやく21世紀に入って、中国での纏足反対運動に学ぶ形で、地域共同体の支持を得て、一定の成果を上げることになるのは、第3章で見る通りである。

## 労働運動や政治運動と人権

この他にも、現在の人権観念とつながる考え方に基づく社会運動がいくつか見られた。中でも、社会集団の壁を超えた共感の広がり、そしてその共感につき動かされた人たちの連帯で力強く推進されたのが、労働運動である。産業革命以来、労働者が自己の権利を守る運動は、18世紀のイギリスを皮切りに多くの近代国家で見られ、労働時間の制限、賃金の上昇、労働環境の改善、児童労働の撤廃などに貢献してきた。労働組合による団体交渉や、労働者の職を奪う工業機械を破壊するラッダイト運動などの過激な行動、そしてマルクスの影響下に出てきた第一インターナショナル（1864年）や第二インターナショナル（1889年）などの国際的な労働者の連帯など、労働運動は人権運動全体のモデルとなるような運動の方法を作り出してきた。これらは、自己の経済的利益を守ろうという目標が出発点であったが、より厳しい労働条件に置かれた他国の労働者に手を差し伸べたり、児童労働を廃止しようとするなど、弱い立場に置かれた人々への眼差しも見られた。

国際社会が下からの権利要求に応えるための組織を作ったという意味でも、労働運動は最も先駆的なものであった。共産主義・社会主義の広がりを恐れた西側諸国は、労働者の融和を喫緊の課題と捉え、第一次大戦後には協力して、1919年に国際労働機関（International Labour Organization: ILO）を作る。ILOは人権関連の最古の国際政府機関と言える団体で、現在まで様々な分野で労働者の権利を守る活動を続け、多くの法的拘束力を持つ条約も採択してきた。

こうした労働運動の長い歴史にもかかわらず、この運動は人権運動とは一線を画すものと見られる場合が多い。これは、第二次大戦後の市民的・政治的権利中心の国際人権理念の中で、労働運動は共産主義・社会主義の流れで出てきたものとして、人権の枠組みとは少し離れたものという感覚で捉えられたということもある。あるいは、第二次大戦後に普及した普遍的人権の観念より以前から存在する、国際的な労働運動や国際労働機関は、現在の国連中心の国際人権の枠組みより息の長い運動として、特別な地位を保っていると言うこともできる。

もう一つの先駆的な人道主義的運動と言えば、戦争での犠牲を減らすための赤十字運動が挙げられる。赤十字社は、１８５９年のソルフェリーノの戦いの悲惨さに衝撃を受けたスイス人、アンリ・デュナンによって設立され、戦時負傷兵に敵味方を問わず医療措置を施す活動で知られる。１８６４年には、赤十字の提案を受けて、傷病兵の扱い方を定めた最初のジュネーブ条約が締結された。その後も何度か条項が改訂・追加されたジュネーブ条約は、現在に至るまで戦争の残虐性を減じるための拠り所となっている。悲惨さを増す戦争に歯止めをかけようというこうした試みは、身体の尊厳の認識とつながるものであり、破壊兵器の発達で戦争がより残虐になっていったこともあって、国際社会で正当性を獲得していった。戦争が暴虐非道のまかり通る舞台にならないということは、あらゆる国家・国民にとって利益をもたらすことでもあり、この点に関して国際的な合意ができたことは合理的なことであった。そして、戦争での非人道的行為を防ごうという運動は、その後の発展の中で、ジェノサイドや人道に対する罪などの特にひどい人権侵害を防ぐための国際的な枠組みにつながっていく。

19世紀のヨーロッパでは、各国の独立運動も起こり、この中で人道的見地からの介入が行われる例もあった。特に有名なのは、19世紀前半のギリシャの独立運動や19世紀後半のブルガリアでの独立運動で、いずれもオスマン帝国からの独立を図ったものであり、これを抑圧しようとしたトルコ側が引き起こした虐殺行為が引き金となって、大国イギリスやフランス、ロシアが介入することになった。これに、ヨーロッパの国際政治における大国間の地中海から東ヨーロッパにかけての権益争いが絡んでいたのだが、トルコ側に批判的なヨーロッパ諸国の世論も盛り上がり、ギリシャの独立運動の場合のように義勇軍がヨーロッパから集まることもあった。この時はまだ今のようなスピードでのメディアによる報道はもちろんなかったが、それでも新聞などで虐殺のニュースは国際的に広まり、虐殺の非人道性を視覚的に訴える絵画が流布され、知識人たちが虐殺を非難し独立運動を支持する論陣を張るなどして、世論形成が行われた(Bass 2008)。このプロセスは、現代の人権運動にも通じるもので、情報伝達のスピードが格段に速くなったことや視覚に直接訴える画像や動画がより多く提供されることなどは違うが、個人や集団の自立を妨げたり、身体の尊厳を冒すような圧政に対して立ち上がる人々に共感し、連帯して支持するという点では強い近似性・連続性があると言えるだろう。

オスマン帝国との関係では、ヨーロッパ諸国が他者としてトルコを敵視する傾向があった中での人道的介入という点を考慮に入れなければならないが、ヨーロッパの内なる他者としてのユダヤ人差別に関しても、19世紀後半にフランスで起こったドレフュス事件があった。強い反ユダヤ人感情が存在したフランスで1894年に、フランス軍の機密がドイツ軍に漏らされるというスパイ事件が起こり、ユダヤ人大尉ドレフュスが嫌疑をかけられ、証拠不十分のまま軍法会議で有罪判決を受ける。これは明らかな冤罪であり、真犯人がまもなく見つかったのだが、軍はこれを隠そうとし、ドレフュスの家族や支持者はこの不正義を糾弾、有名な作家ゾラの「私は告発する」という声明に至る。ゾラがこの発言により名誉毀損で有罪判決を受けるなどして、この事件は国際的な注目を集め、ドイツやイギリス、イタリアなどの隣国がフランスを非難し、フランス国内でも現在まで続くフランス人権同盟が結成され、ドレフュスの釈放を訴える運動が展開された。投獄から10年以上を経た1906年に、ドレフュスはようやく無罪を勝ち取る。この事件は、現在の専制国家で人権侵害を受けるマイノリティーを国際社会が支持する運動の先駆的な形態であり、マイノリティーだというだけで不法に投獄され身体の尊厳を侵害されるようなケースに対する人権感覚の発展に寄与し、そのような場合には国際社会が国内問題に関しても発言するという前例ともなった。

このように、帝国内での独立運動や近代国家の中でのマイノリティー差別など、国内問題と考えられていた問題でも、そこにひどい人権侵害が見られると、国際社会からの批判が起きるという状況が出てきたのが19世紀であった。新聞が広く読まれるようになり、情報の伝達速度が速まるとともに、大きな政治的・社会的問題に関心が集まる場面が増え、その中で労働者や女性の窮状、オスマン帝国による抑圧、ドレフュス事件のような不正義などが注目された。そして、被害者に対する共感が盛り上がると、時には国境を越える救済運動が起こった。ただし、これらの運動は、誰もが持っている権利としての人権を守るためというよりは、宗教的・人道的な観点や自己利益に基づいたものが多く、アメリカの独立宣言やフランスの人権宣言に見られた普遍的な考え方が復活するのは20世紀に入ってからであった。人権の分野では国際的な条約なども未発達で、普遍的な人権理念に基づいて国際機関が各国の国内政治に口を挟むというような状況にはまだなかったのである。それでも、市民社会が団結して社会運動を起こして、国家や帝国、資本家の横暴を止め、市民の権利を確保するという政治の流れは形作られており、後の普遍的人権の発展への下準備は整いつつあった。

## 2　二つの世界大戦と普遍的人権の理念

### 植民地主義下での人権侵害

これらの欧米国内での人権と民主主義に関する進歩は、帝国主義と植民地の拡大という甚大な人権侵害と表裏一体であった。ハントの言う共感の広がりは、宗派の異なるキリスト教徒や異なる階層に属する人々、女性、さらには一部の異なる人種の人々にまで届き始めていたが、植民地の住民は、基本的にその枠外の人たちとして除外されていた。奴隷貿易の非人道性に対しては反対の声が強かったが、かと言って奴隷として捕えられた人々に欧米人と同じ権利を付与するというのは別の話であった。植民地の有色人種を自分たちと全く同列に扱うという発想は生まれにくく、欧米人は現地人を文明化する使命を帯びているというイデオロギーに基づいて植民地支配が行われ、それが国内の経済を潤し、中間層を裕福にし、欧米国内での人権感覚の進展を支えているという流れができていた。この流れが人権規範を発展させてきた面もあるが、20世紀初頭の時点では、異なる人種の遅れて見える文明を平等に扱うという議論が広く支持を集めるには至っていなかった。帝国主義の拡張競争が続く中で、植民地がもたらす多大な利益の前に、これを否定して植民地の住民を自分たちと同じ共感の範囲内に置くという考えはまだ広がりにくかったのである。

この帝国主義と人種差別の問題は、例えば非白人国家で唯一の近代国家となっていた日本が、世界初の地球を跨ぐ国際機関と呼べる国際連盟でたびたび指摘したところである。しかし、後発近代国家の日本とドイツも植民地の拡大に乗り出し、アジアやアフリカで大きな人権侵害が続くことになる。

また、マイノリティーの権利の概念は、20世紀前半に発達したが、それはドイツやロシアが他の小国に権益を求める基盤として利用されることになり、現在の感覚で言うマイノリティーの権利の保護とは違う方向に向かった。ナチスドイツがドイツ人マイノリティーの権利保護をチェコスロバキアやポーランドへの進出の口実に使ったことから、マイノリティーの権利という考え方は第二次大戦後しばらくの間敬遠されることになり、世界人権宣言にもマイノリティーという言葉は一切含まれていない。

マイノリティーの権利とは対照的に、19世紀後半以降のナショナリズムの時代に高い正当性を獲得したのが、民族自決権である。この概念は、この時期から継続的に発展し、第二次大戦以降も、1945年の国際連合憲章の第一条で、また1966年採択の国際人権規約の市民的・政治的権利規約および経済的・社会的・文化的権利規約の両方で、第一条に掲げられるところとなった。民族自決権は本来論理的には、帝国や近代国家でマイノリティーとされる全ての民族集団の権利となりうるものであったが、20世紀前半にはまだ人種的に限定された概念であった。アメリカのウッドロー・ウィルソン大統領が1918年に発表した一四カ条の原則にも、民族自決の原則が含まれていたとされるが、これはヨーロッパの植民地大国に配慮した極めて限定的な規定で、実際にはヨーロッパのみに当てはまる原則と考えられていた。これ以降、エジプトやアフガニスタンなど一部の国が独立を果たし、植民地統治の形態も名目上は委任統治になるケースが増えたが、実質は厳しい植民地支配が続き、植民地の解放が進むのは、民族自決権のより普遍的な適用が認められる１９４５年以降になる。

## 国際連盟の失敗

先述のウィルソン大統領の一四カ条の原則の最大の成果は、１９２０年の国際連盟(League of Nations)の設立であろう。人類史上最悪の死者数を出した第一次世界大戦の反省の上に、それを終結させたパリ講和会議後に結成された国際連盟は、世界平和の確立を至上命題として出発した。しかし、その設立を主導し、その功績によってノーベル平和賞も受賞したウィルソン大統領のアメリカ合衆国が、国内議会の反対で参加することができないという、暗雲漂う船出となってしまう。

イギリス、フランス、イタリア、日本を常任理事国として出発した国際連盟は、１９２６年にドイツが加盟し常任理事国となり、総会と理事会を中心とする現在の国際連合と似た組織形態を作りあげた。現在の国際連合の専門機関ともつながる、国際労働機関や常設国際司法裁判所、保健機構なども設立され、国際的な紛争解決や国際協力促進の先鞭をつけたという点でも、以後の国際機関のあり方に大きな影響を与えた。

人権に関わる問題としては、人種差別撤廃が大きな関心事となっていた。おりしも、ウィルソン大統領の一四カ条の原則に民族自決権への言及があったことなどから、欧米諸国の植民地主義と国内の人種差別政策で虐げられていた非白人の間で人種差別に反対する機運が高まっており、W・E・B・デュボイスなどの黒人知識人が活躍し、全米有色人地位向上協会などのNGOも活動を活発化しており、アメリカ国内をはじめ世界各国で、人種問題に対する関心が高まっていた。

1919年のパリ講和会議では、非白人国の日本が戦勝国として参加しており、国際連盟規約に人種差別反対に関する条文を入れることを提案した。第4章で詳しく見るように、この提案はアメリカ議会の反発を恐れたウィルソンをはじめ、植民地を抱えるイギリス、白豪主義をとっていたオーストラリアなどの強い反対を呼び、結局否決される。こうして、人権の普遍性をさらに前に進める機会は、無情にも失われてしまったのだ。

とはいえ、他の人権関連の分野では、当時の国際的な問題関心を反映して、女性の権利や、労働者の権利、子どもの権利、奴隷制度の根絶などの分野で様々な活動が見られ、特に中東などでの奴隷制の廃止や児童労働反対のキャンペーン、女性の権利の向上などで一定の成果を上げた。制度的にも、1919年のILOの設立や関連の労働者の権利を守る条約、1924年の子どもの権利宣言採択など、第二次大戦後の人権システムにつながるような制度の萌芽も見られた。しかし、国際連盟規約には人権(human rights)の文字は一度も出てこず、権利(right)という言葉も、加盟国の権利に言及するためにしか使われていない。当時の労働運動の高まりに対応した労働条件に関する短い条文、スペイン風邪の大流行を踏まえての健康や病気に関する言及、第一次大戦の悲惨さを受けての赤十字の人道的活動への支持など、個別の問題に対する言及は国際連盟規約にも見られたが、基本的には国家間の関係だけに関心が向かっており、個人の人権を守るとか、国家の主権を無視して他国の内政に干渉するという発想はほぼ見られないのが国際連盟であった。

また、大きな戦争を防ぐことを使命とした国際連盟だが、その実体的活動では、領土問題の解決や軍縮の努力などで小さな成果と言えるものはあったものの、アメリカの不参加もあって、制裁力などが決定的に欠けていた。そして、最も力を持つ常任理事国5カ国のうち3カ国が、1931年の日本の満洲侵攻、1935年のイタリアのエチオピア侵攻、1939年のドイツのポーランド侵攻など次々に拡張主義に訴え出すと、それらの軍事行動を止める術を全く持ち合わせておらず、この3国が次々に脱退するに及んで、その設立の最大の目的であった第二次世界大戦を防ぐことに失敗したのは周知の通りである。

## 第二次世界大戦と戦後の国際秩序

第二次世界大戦は、人類史上最も悲惨な戦争であった第一次世界大戦を凌駕する甚大な被害を世界中でもたらし、合わせて5千万人から8千万人の犠牲者を出し、そのうち4千万人から5千万人は民間人だったと言われる。これは戦争がさらに全体戦争化したことを反映しており、前線と銃後の区別は薄まり、国民を総動員しての戦い、国民戦争(people's war)が展開された。そのため、アメリカでは未だ隔離政策の下にあった黒人も戦線に動員され、主に人種的に隔離された部隊で戦いながら戦果を上げた。敵性国民とみなされ収容所に入れられた日系アメリカ人でさえも、ヨーロッパ戦線で活躍したのであった。

英米を中心とする連合国は、日独伊の枢軸国のファシスト体制を批判し、自由と民主主義という価値観を戦争の大義として全面に押し出してこの大戦を戦った。特に、第一次大戦以降、ヨーロッパ情勢への不干渉に対する支持が強かったアメリカでは、再度勃発したヨーロッパでの大きな戦争に対して孤立主義で臨むべきという声を抑えるため、ドイツやイタリア(後に日本)を人権と自由を侵害する残忍な敵国とし、その対極にある正義と民主主義の防波堤としてのアメリカとイギリスの行動の重要さを訴えなければならなかった。そして、人種や国籍などの属性によって敵を定めてそれを容赦なく虐殺する枢軸国という悪を設定した以上、米英はそのような差別的価値観は持たず、あらゆる人々の人権と自由を守るという前提が重要になったのである。これは英米の国内でＨ・Ｇ・ウェルズやデュボイスのような知識人および多くのＮＧＯが人種差別や植民地政策を批判する中で出てきた、市民社会からの要求とも合致するものであった。

マーク・ブラッドリーが『再想像された世界』で記す通り、この時期の欧米の市民社会での社会正義への要求には、写真ジャーナリズムの発展が寄与した(Bradley 2016)。書簡小説の人気が18世紀から19世紀に共感の範囲を拡大したように、１９３０年代以降は写真の普及が世界中の人々の痛みや苦しみに対する共感を容易にしたのであった。この時期の写真ジャーナリズムの隆盛には、小型カメラやフラッシュ・バルブなどの技術的革新が大きな役割を果たした。それに加えて、アメリカでは、政府がニューディール政策の一環として、大恐慌後の全米各地の農村の惨状と復興を写真によって記録したことも重要であった。この農業保障局(Farm Security Administration)による一大プロジェクトの中から、有名なウォーカー・エバンズの報道写真シ

「移民の母」．エンドウ豆を収穫する困窮した，32歳の7人の子どもの母．1936年3月，カリフォルニア州Nipomoにて(Lange, Dorothea 撮影．アメリカ議会図書館)．

リーズやドロシア・ラングの「移民の母」などが生まれた。多くの新聞をはじめ、TimeやLifeなどの雑誌にも報道写真が当たり前のように掲載されるようになり、また各地の美術館や図書館、デパートなどで報道写真展が開かれるなど、芸術ジャンルとしても確固たる地位を築いていった。書簡小説の想像力や絵画の視覚的アピールに続いて、今度は報道写真で目の前にいるかのように貧困や人権侵害の犠牲者の姿を見られるようになり、その姿に自分を投影し、自分が直接問題を経験しているかのように感じる共感の範囲がさらに広がったのであった。アメリカやイギリスが中心であった報道写真の隆盛だが、他の北米、欧州、アジアの国々で撮られた写真も広く流布し、共感の範囲は国境を越えていった。

　こうした時代の要請に応える形で、ローズベルト米国大統領が１９４1年1月の一般教書演説で四つの自由を訴える。ローズベルトはすでにこの時、表現の自由、信教の自由、欠乏からの自由、恐怖からの自由の四つの自由は「世界中どこでも」守られるべきものであると述べていた。「どこでも」は必ずしも「誰でも」と同義ではないが、ローズベルトはさらに１９４２年のラジオ演説で、四つの自由が人種や宗教に関係なく世界中誰にでも当てはまるという普遍性の原則を明確に述べている。

さらにアメリカは、１９４１年8月にはイギリスとともに大西洋憲章で、第二次大戦後の世界についてのビジョンを発表した。これは、ローズベルト大統領とチャーチル首相が会合を重ねて練り上げたビジョンであり、両国が領土拡大を求めないこと、全ての国民が民族自決の権利を持つことなどが規定されている。この短い文書には人権に関する言及はないが、その延長線上にある、翌年1月に出され、最終的には連合国47カ国が署名した連合国共同宣言には、「自分たちの領土及び他国の領土でも、生命、自由、独立と宗教的自由を守り、人権と正義を確保するためには我らの敵に対する完全な勝利が必要である」という文言が入っている。こうして人権と自由は、連合国の大義として頻繁に持ち出されるようになる。

ただし、その一方でローズベルトは１９４２年に、日系アメリカ人を敵性国民として強制収容するというアメリカ合衆国の歴史の中の大きな汚点となる人権侵害も犯していた。この例に見られるように、人種差別が根強く残っていたアメリカ、世界中に多くの植民地を持っていたイギリス、スターリンの残虐な圧制が続いていたソ連など、連合国側の自由と民主主義に対するコミットメントには大きな限界があり、戦時動員のための方便という側面が強かった。実は連合国内の議論の中で人権に最もコミットしていたのは、中国であったと言えるかもしれない。中国は、1944年のダンバートンオークス会議など戦後世界についての計画が議論される場で、米英ソが人権関連の議論を弱めようとする中、重ねて人権と人種平等の重要性を訴えていた。蔣介石に代わって参加した中国代表は、国際連盟結成時に日本の人種平等提案が棄却されたことを知りつつ、再び人権の普遍性と人種差別撤廃を新しい国際秩序の中心に据えることを訴えたのであった(Lauren 2011)。

さらに大戦終結が近づくと、ホロコーストの悲惨さが知られるようになり、人権の普遍性とその確立のための国家主権を超えた内政干渉肯定の議論が見られるようになった。600万人ものユダヤ人やロマ、その他のナチスドイツによって「望ましからぬ人々」というレッテルを貼られた人々が無残に殺されたことは、大きな衝撃であり、国連憲章から世界人権宣言へと、普遍的人権の規範としての確立を後押しした。

この過程へのホロコーストの影響には諸説ある。通説としては、ホロコーストを許してしまったことへの反省から、二度とこの失敗を繰り返さないという信念に基づいて、多くの市民や政治家が普遍的人権の確立、特に甚大な人権侵害の場合は国際社会が他国の内政に干渉することができる、あるいはするべきであるという規範の確立に動いたとされている。一方で、ホロコーストの被害の全貌は、大戦後すぐのこの時期にはまだ国際社会で広く認識されておらず、ホロコーストと世界人権宣言などとの関係は、後付けで誇張された部分があるという指摘もある。その非人間性のどこまでが世界中で認識されていたかは別として、ホロコーストが多くの国際社会のリーダーたちに、どのような言い訳も許されない、絶対に許してはならない蛮行が人間社会にはあるのだという認識を植え付けたのは確実である。その意味で、ホロコーストが戦後の国際人権の発達に与えた影響は大きい。

こうして、連合国が人権と自由を守るという価値観を大義として第二次大戦を戦ったことは、戦後秩序の構築に大きな影響をもたらす。それがリップサービスであったとしても、この大義の下で戦時動員を行ったことで、政府は国民に戦勝後の人権と自由の保障を約束したことになったし、国民はこれを要求する意識を持った。例えばアメリカでは、人種的に分離された軍隊でファシズムと戦うという人権的矛盾がまかり通っており、これが戦後の公民権運動にもつながるし、植民地をあちこちに抱えていたイギリスは、戦後その解放を余儀なくされる。この流れは世界中を覆い、戦後秩序の中で人権を中心に据える方向に急速に動いていた。こうして人権の普遍性は、偽善的とも言える連合国の大戦における大義の中で存在感を強め、大戦後の国際秩序の中で確固たる地位を確保することになるのである。

### サンフランシスコ会議と国連憲章

第二次大戦後の国際秩序は、超大国にのし上がったアメリカのリーダーシップの下に作られた。上記の大戦中の政府の大義を踏まえて、人権規範の確立に熱意を傾けていたアメリカでは、市民社会から普遍的人権を戦後の国際秩序の核とする動きが強く出ていた。その第一歩が、人権が基本理念に含まれた国連憲章であった。

国連憲章は、1945年4月に開幕したサンフランシスコ会議で議論された。連合国の勝利が確実になり、戦後世界の形成が直近の課題となる中、世界中から最終的には50カ国の代表が参加し、市民社会からも40余りのNGOの参加があった。会議最終日の6月26日に採択された国連憲章には、前文で基本的人権が明記されているのに加えて、国連の目的を定めた憲章第一条では四つの目的のうち二つが人権に関わる問題として規定されている。すなわち、第一条第二項が民族自決権とあらゆる民族が同じ権利を持つことを規定し、第三項が「人種、性、言語又は宗教による差別なくすべての者のために人権及び基本的自由を尊重するように助長奨励する」と記しているのである。前年のダンバートンオークス会議では、中国の主張にもかかわらずほとんど含まれなかった人権と人種に関する文言が、いかにしてこのように明記されるに至ったのか。

ダンバートンオークス会議の後、アメリカでは国際連盟への加盟が議会で承認されなかった過去を踏まえて、国際連合へのアメリカの加盟が実現できるように国内世論の形成が図られた。国務省の肝入りで、全米のあちこちで会合や説明会が開かれ、国務大臣はじめ国務省の官僚が出席し市民社会の代表などと意見交換を行った。この国際連合への支持を得ようという試みの中で、市民社会の側からはNGOを中心に、ダンバートンオークスでの提案に対する不満が多く出された。特に人権に関する言及が、経済的、社会的、人道的問題との関連で人権と基本的自由を奨励するという1カ所だけであったことに批判が強く、国際連合では人権保護に特化した機関や法的効力を持つ人権条約が作られるべきだという主張が多くのNGOによってなされた。そして、サンフランシスコ会議に多くのNGOが参加したのも、アメリカ国務省が国民の国連加盟への支持を取り付けようとした努力の一環であった。

この時の議論で重要であったのは、人権保護と平和が直接的に結び付けられたことであった。世界のどこかで人権を無視するナチスドイツのような国が現れれば、そのような悪しき勢力は必ず対外的拡張を図り、戦争を始めて世界の平和を乱す。それゆえに、世界中の政府が人権を守るような国際秩序を作ることが急務であるという論理であった。そこで、普遍的人権が恒久的平和の確立のために不可欠なのである。こうしたアメリカ国内での議論には、ヨーロッパやラテンアメリカの言論人や亡命市民も深く関わっていた。そして、具体的な守られるべき人権の内容が議論され、国際人権章典(後述)の素案があちこちから出された。アメリカ国務省案をはじめ、米州委員会案、アメリカ法律協会案など様々な案が出され、戦後にできる国際的人権文書に含まれる人権項目のほとんどがこれらの案に含まれていた(Bradley 2016)。そこには経済権や社会権も含まれており、大恐慌以降の貧困による苦しみに対する認識が、おそらくそれを捉えた報道写真に触発されて、反映されている。この間の議論は、まさに国民全体を巻き込んだものであり、国内での反対のために国際連盟に入れなかった反省から、戦後世界では国際連合に加盟し主導権を握りたいというアメリカ政府の狙いは的中する。しかし、その代わりに国民の人権に関する意識は飛躍的に高まり、もはや普遍的人権を戦後の国際秩序に据えることは、国民の間では既定路線ともみなされていた。政府は国連加盟を保証するために、普遍的人権という政府によって制御できないかもしれない勢力を生み出してしまったのだ。戦後に黒人差別や日系アメリカ人の強制収容に対する批判などが出てくるに及んで、政府は人権理念が諸刃の剣であることを思い知らされる。

こうして、アメリカを中心に、人権理念の確立を求める国際的世論を受けて、国連憲章第一条に民族自決権と民族の平等、そして人種や、性別、言語、宗教に関わらず個人の人権と基本的自由が保障されるべきだということが明記されることになる。大戦中は植民地解放や人種差別解消など様々な美辞麗句を並べた連合国政府であったが、実際に戦後に急速な変化が起こることは望んでおらず、国家の権益を制限するような普遍的人権の思想には様々な形で抵抗した。しかし、人権を第二次大戦の大義として掲げた手前、人権に関わる文言を国連憲章に含むことに真っ向から反対することはできなかったのだ。とは言っても、国連憲章は第一条で普遍的な人権と民族自決権を規定しながら、直後の第二条第七項で安全保障理事会の承認がある場合を除いては、内政には干渉してはならないという規定もしており、常任理事国となった米英仏ソ中の利害は守られる仕組みが出来上がっていたのである。

## 世界人権宣言の誕生と普遍的人権

戦後の国際秩序の中心となる国連憲章で普遍的人権が規定されたのは、画期的な出来事であったが、ここでの規定はまだ抽象的な部分が多く、人権の具体的な内容は明確になっていなかった。その点を意識して、国連憲章は、第六八条で人権のさらなる奨励のために委員会を設立することを規定している。これを受けて、1946年に国連人権委員会(Commission on Human Rights)が設立され、人権関連の宣言、条約、その他の制度の確立はこの委員会に委託される。こうして国連憲章で曖昧なままであった、普遍的人権の内容とそれを保障する手段を規定するための枠組み作りのために、国連人権委員会は、早速、人権関連の文書の起草に着手し、国際人権章典(International Bill of Human Rights)の第一歩として、世界人権宣言(Universal Declaration of Human Rights)をまとめ上げる。

全部で30カ条からなる世界人権宣言は、市民権、政治権、社会権、経済権など多様な人権分野をカバーしており、いくつかの批判もあったとはいえ、現在も人権理念の支柱となる金字塔とも言える文書である。そこでは、身体の尊厳に関わる拷問や奴隷制を禁止する条文から、政治的な自由や表現の自由、信教の自由、集会の自由、そして健康や労働、生活、教育、余暇に関わる権利まで、様々な人権がかなり具体的に規定されている。おそらく最も画期的なのは、人権の普遍性がはっきり記されていることであろう。第二条に記されている通り、「すべて人は、人種、皮膚の色、性、言語、宗教、政治上その他の意見、国民的若しくは社会的出身、財産、門地その他の地位又はこれに類するいかなる事由による差別をも受けることなく、この宣言に掲げるすべての権利と自由とを享有することができる」のである。

ここで規定された人権の内容は、西洋の啓蒙主義以来の思想に根付く部分が多いことは否めないが、この起草過程には非西洋諸国のメンバーも参加し、重要な役割を果たしたことを忘れてはならない。最初の草案を起草したのはジョン・ハンフリー（カナダ）とルネ・カサン（フランス）だと言われているが、最終案が固まるまでには、起草委員会から人権委員会、最後に総会の第三委員会で、様々な国、人種、宗教、言語、文化を代表する人々による熟議が何度も行われており、その過程で多様な視点が反映された文書が形成された。例えば、起草委員会では、ペンチュン・チャン（中華民国）が儒教の発想を取り入れてキリスト教色を薄めようとしたり、エルナン・サンタ・クルス（チリ）が西側諸国が好まなかった社会権、経済権を支持したりし、人権委員会ではハンサ・メフタ（インド）が「すべての人間」の表記に関して“all men”を“all human beings”に変更して男女平等の原則を担保するなど、様々な形で宣言の普遍性を高めることに貢献した。

１９４８年12月10日の国連総会での投票では、48カ国が賛成票を投じ、反対票は0、棄権が8であった。棄権した8カ国のうち6カ国はソ連と東ヨーロッパ諸国で、残りは改宗の自由に反対したサウジアラビアと人種平等に反対した南アフリカであった。ここに世界人権宣言は正式に採択され、12月10日は「世界人権デー」となり、今でも毎年世界中で記念行事が行われている。

　こうして、啓蒙主義と書簡体小説の時代から2世紀ほどの時を経て、共感を感じられる外集団の範囲は宗教・階層・性別・人種の壁を超えて広がり、普遍的人権理念が世界中で受け入れられるようになったのである。しかし、こうした理念のレベルでの進歩は、次に実効性のある条約に向かわなければならなかった。ここでは、いまだに強かった国家主権と内政不干渉の規範の神聖さという国際政治の現実が立ちはだかった。世界人権宣言以降、国際人権はいかにして制度的に発展し、国家主権の壁を乗り越えていくのか。

1977年にエステラ・デ・カルロット(左から2番目)らによって設立された「プラザ・デ・マヨ(5月広場)の母たち」の集会. 2015年5月19日(Secretaría de Cultura de la Naciónthe. https://www.flickr.com/photos/52498302@N08/17245133364/).「プラザ・デ・マヨ」は，アルゼンチンの軍事独裁政権時代に失踪した孫や子どもたちを探し求める，ブエノスアイレスの中心広場で始まった抗議運動. 後ろには失踪者たちの顔写真が見える.

# 第2章
# 国家の計算違い
## (1940年代から1980年代まで)
## ──内政干渉肯定の原理の確立

# Q. なぜ国家は自らの権力を制約する人権システムの発展を許したのか?

世界人権宣言が採択され、世界中で広く受け入れられるに至って、人権の普遍性原理は理念として確立されたと言ってよいだろう。普遍性と並んで、現在の国際人権をそれまでの人道主義と区別するもう一つの原理が内政干渉肯定の原理である。人権侵害は国家の手によって行われることが多く、いくら人権が普遍的なもので、誰しも人間であるというだけで基本的な権利を守られるべきであると言っても、ある国家がこの原則を無視した時に、国境を越えて取りうる対応策がないとすれば、普遍的人権が実現する可能性もないことになる。この国境の壁を破るためには、国際社会が内政に立ち入ってでも基本的な人権を守ることができるという法的・制度的根拠が必要であった。

国連憲章は法的拘束力のある条約であり、そこに人権を守ることが主要な目的だと規定されていることで、すでに内政干渉肯定の原理も確保されたという考えもありうる。しかし、前述の通り、国連憲章では同時に国家主権の神聖さと内政干渉の禁忌も規定されている。そして、実際に効力のある介入を行える唯一の機関である安全保障理事会では、国内や植民地内に深刻な人権問題を抱える五大国が常任理事国の席を占めており、拒否権を発動していつでも国連による制裁を止めることができた。世界人権宣言が華々しく採択されたとはいえ、1940年代後半の時点では、人権問題に関する内政干渉は、絵に描いた餅であったと言わざるを得ず、普遍的人権という理想は、第二次大戦後の国際的理想主義の産物として、歴史の一ページとなって忘れ去られてしまう可能性もあったのである。

内政干渉には強制的介入というニュアンスの、軍事的・経済的制裁などのある程度の強制力を持った行動という意味と、国内政治への口出しという、より緩い意味の干渉とが含まれる。後者が認められなければ、前者は起こり得ないという意味で、この二つの概念はつながっている。それゆえに、例えば中国やロシアが国内の人権問題に対する批判に対して、口出しのレベルであっても内政干渉だと反発するのである。そして、このいずれの意味でも人権に関しての内政干渉が広く肯定されるのは第二次大戦後の世界においてであった。国連諸機関による非難決議や人権条約監視機関による審査・勧告などは、軍事的・経済的制裁ではないが、内政に深く入り込み、一定の法的拘束力も伴って国内での変化を促しているという意味で、口出し以上、介入未満の内政干渉と言える。多くの国家にとって、このような内政干渉は限りなく煩わしいものであり、できることならばこれを避けたいと考えるのが普通であろう。

しかし、これ以降の国際人権の歴史の中で、内政干渉肯定の原理は、次第に強化されていき、定期的・継続的に国内の人権状況を調査し審査するための条約・機関が国連や地域国際機関の中で数多く出てくるのである。常任理事国の拒否権という大きな壁があるため、人権問題のみを理由とする軍事的介入や経済制裁はまだ少ないが、国際的批判や国連などによる決議のレベルでは、内政に干渉してまで普遍的人権を守るべきだという規範は、今日までに確固たる地位を確立したと言える。この国家にとって不都合極まりない内政干渉肯定の原理が、国家の代表者が作る国連などの国際機関で認められたのは戦後国際政治の謎としか言いようがない。いったいこの原理はいかにしてここまでの発展を遂げたのだろうか？

## 1　国際政治のパラドックス

## 国際関係論と国際人権発展のパラドックス

前章で見たような他者への共感の拡大や民主主義的価値観の発展などは、現実主義的な政治理論の中でも、個人の利益と国家の利害との調整の枠内で、ある程度は説明されることである。国民国家の形成とともに、国家は国民全体の協力を得られなければ、他の国家との軍事的・経済的競争に勝ち残れず、そのためには支配層だけでなく国民全体の利益を考えた政策を取らなければならなくなった。そこで国家は人権や自由を広い範囲で保障し、民主主義を標榜することで、幅広い国民の協力を得ようとする。第二次大戦までの歴史は、この枠内で進んでおり、国境を越えた人道的な関心は、奴隷貿易や戦争のルールなど優れて国際的な問題や、アジアやアフリカの植民地での「野蛮」と見られた慣習を欧米がやめさせようとするというような事案に限られていた。欧米諸国の国内の人権問題には、国家主権の壁が大きく立ちはだかり、他国がおいそれと口を挟める状況にはなかったのである。

国際関係論の常識から見ても、国家主権という聖域を冒して、他国が主権国家内での人権問題に批判や制裁を加えることが通常化するというのは、説明しにくい現象である。国際関係論の理論的流れは大きく分けて、現実主義(realism)、国際協調主義(liberalism)、構成主義(constructivism)の三つに分けられる。国家はそれぞれ自国の権益のためだけに動き、国際社会は基本的には混沌とした力と力のぶつかり合いの場だとする現実主義の立場からは、多くの国家が集まってお互いに自国の主権を投げ出して人権を守るために協力するというような国際人権機構の誕生は考えられない。

これに対して国際協調主義は、国家間協力は参加国の利害にかなう範囲で可能であるという前提に立っており、国際機構の成立の可能性を大幅に認めるものであるが、それは貿易や安全保障など相互利益が明白な事案に関わる場合が多い。人権の場合、何らかの国際的枠組みに合意する政府同士がどのような相互利益を得るのかが不明瞭である。強いて言えば、民族浄化政策などのひどい人権侵害のために難民が大量に発生し、多くの周辺国が国境警備を強化する必要に迫られるというような状況を作らないために、大規模な人権侵害を未然に防ぐよう相互に努力するというのは、ある程度合理的な取り組みであろう。しかし、そのような状況は一時的・限定的な対策で対応できるものが多く、国家主権の侵害というコストを考えると、国際人権機構の成立を説明するには弱い。また、自国の民主主義制度に不安がある国の政府が、専制主義に戻ることを未然に防ぐために、外から人権と自由を保障するために国際人権機構にコミットするというシナリオも考えられる(Moravcsik 2000)。これは、第二次大戦後、民主主義の崩壊を経験したフランスやドイツ、イタリアなどがこぞってヨーロッパの人権機構に参加したことを説明する時などに使われ、その限りでは有効な議論だが、それ以降の国際人権制度の発展の説明には十分でない。

最後の構成主義は、国際社会での規範やその構造そのもの、そして国家の利益やアイデンティティーまでもが、国家同士や国際組織などの様々な関係性の中で社会的に構築されたものであるという出発点に立つ。この立場が、国際人権機構の成立とは最も親和性があると考えられている。すなわち、人権という価値観が国際規範として認定され、多くの国家がそれを守ることと自体を国益の一部と捉えるようになり、国内でも他の国家に対してもこの規範を広め、国際社会で人権を重視する認識が広がり、国際人権機構が成立したという説明が可能になるのである。ただし、国際人権が国家の内政にも干渉するものであるとすれば、そのような犠牲を払ってまで諸国家と国際機関が人権という価値観を支えるというのは、この理論の観点からも説明が難しい。そもそもこの理論の中では、どうしてある価値観が正当性を持ち、世界中に広がるかの説明に関しては、まだ理論整備が弱く、偶発的で予見不可能な歴史の経路依存的展開(path-dependence)に頼らざるを得ない部分が大きい。

第二次大戦以降の国際人権の歴史は、まさに構成主義的な国家間の相互作用と市民社会との関係の中で展開し、多くの行為主体が予測できなかった方向で経路依存的に——すなわちある出来事がその次に起こる事を規定する形で――、現在までの発展を遂げたのであった。国際人権機構がここまで発達し、場合によっては主権国家の国内問題に介入することができるまでになったのはなぜか？　それは、以下で見るように、人権を国際競争の場で互いを批判する道具として使ったためにその概念的正当性を高めてしまった大国の誤算、そして冷戦下でリップサービスとして国際人権条約を批准して人権を否定できない価値にまで高めた多くの国家の行動などが、総体としてもたらした意図せざる結果による部分が大きいのである。そしてもちろん、普遍的人権規範を内在化して権利意識に目覚め、自分たちの人権を権力者に対して主張するために立ち上がった人々と、啓発活動やメディアキャンペーン、政府や国際機関へのロビイングなどによって、そうした運動をサポートした国際人権NGOを中心とする市民社会の貢献が決定的に重要であった。

## 国際人権章典への険しい道のり

前章で見たように、国連憲章や世界人権宣言の誕生に至る道のりでも、市民社会からの突き上げと大国の計算違いは重要な役割を果たした。第二次大戦中、連合国は敵の日独伊をファシスト勢力と位置付け、戦時動員のために人権と自由を大義に掲げて戦ったため、終戦後にその旗を簡単に下ろすことはできなかった。特にアメリカでは、国連加盟を確実なものにするために、市民社会を国連設立のプロセスに取り込もうとする努力が見られ、その中で政府の意図とは別に、人権と自由を戦後の国際秩序の中心に据える機運が高まっていた。こうした歴史の流れが、国連憲章と世界人権宣言の成立をもたらした。

こうして人権の普遍性原理は確立されたのだが、それを実際に効力のある条約や機構に落とし込み、国際社会が国境の壁を超えて普遍的人権を実現するための法的根拠を定める作業が残されていた。そもそも、国連憲章が採択される前の段階から、戦後の世界では、アメリカ合衆国憲法の人権関連の修正条項の総体を指す権利章典(Bill of Rights)に準ずるような、国際人権章典(International Bill of Human Rights)が制定され、国際社会の倫理的・法的基盤として確立されるべきだという議論があった。これはすなわち、合衆国の権利章典と同様、法的拘束力のある制度が国連設立とともに確立されるべきだという期待であった。しかし、国連人権委員会での議論に際して、アメリカを代表して参加していたエレノア・ローズベルトのもとには、世界人権宣言を法的拘束力のない宣言にとどめるべしという指令が届いていた。人権委員会の議論では、法的拘束力のある条約を採択するべきだという意見も出されたが、アメリカが消極的である以上、まずは理念をまとめた宣言として出す他はないというのが結論であった。こうして、国際人権章典の誕生へ向けては、まず宣言を作り、その後で拘束力のある条約と実効の仕組みを作るという、段階的な発展の道筋がつけられたのであった。

このアメリカの抵抗は、その後の国際人権の発展にも影を落とすことになる。超大国として戦後の世界に君臨していたアメリカ政府が、その内政にまで踏み込んでくる可能性のある人権条約に反対するのは、ある程度予想できることであった。しかし、反対は政府筋だけでなく、アメリカの市民社会の一部からも出てきており、これは条約の前段階である世界人権宣言に対してさえ見られた。例えば、アメリカ人類学会は文化相対主義の観点から、どのような社会でも普遍的に守られるべき人権があるという見方に反対、アメリカ医師協会は、経済権・社会権の考え方が社会主義的な医療提供のあり方につながることに反対、アメリカ法律協会は、国際人権法が国内法に対して優越的な地位を得ることに反対など、様々な理由で市民社会から世界人権宣言に抗する声が出ていた。これらの反対の流れが、当時のアメリカでマッカーシズムにつながっていった反共の狂騒と相まって、アメリカは、国際人権を支持していたエレノア・ローズベルトを国連人権委員会に再任しないばかりか、今後一切、人権関連の条約を批准しないというブリッカー修正条項の提案にまで至る。ブリッカー上院議員によって提出されたこの憲法修正条項は、1950年代のアメリカ政治の重要な論点となり、国連に対する不信感とアメリカの孤立主義復活の予兆や、外交に関して強い権限を持つはずの大統領とそれを制限しようとする議会との力関係などの、アメリカ外交をその後も規定し続ける問題点が凝縮された論争を呼んだ。最終的にはこの修正条項は成立せず、将来的なアメリカの人権条約への参加の可能性を残したが、この時の議論で出てきた論点は、たびたびアメリカでの国際人権や国連に関する論争の際に頭をもたげ、アメリカの国際人権活動への参加を妨げる要因となっていく。

同じ頃、もう一つの超大国として存在感を増していたソ連も国際人権のさらなる発展には大きな警戒心を見せていた。ソ連をはじめとする東ヨーロッパ諸国は、国民の政治権・市民権を大幅に制限する社会主義国家であり、人権理念自体がブルジョワ的価値観であるとして反対し、世界人権宣言にはその採択の時から棄権をしていた。こうして二つの超大国がそれぞれに国際人権の発展に反対する中で、世界人権宣言を法的拘束力を持つ国際人権規約へと高めていく努力が茨の道になるのは当然の帰結でもあった。

## 世界人権宣言の法制化とジェノサイド条約

それ自体には法的拘束力はなかったとはいえ、世界人権宣言は採択直後から世界の多くの国の憲法や法制度に直接取り入れられて、法的効力を持った。当時独立したアフリカの国々では特にこの熱が強く、ブルンジ、カメルーン、チャド、コンゴ、赤道ギニア、ガボン、ギニー、コートジボワール、マダガスカル、マリ、モーリタニア、ニジェール、ルワンダ、セネガル、ソマリア、トーゴなど多くの国々の憲法で世界人権宣言についての規定があった(Bass 2010)。同様にアジアの新しい独立国家やその他の地域でも、多くの国で新しい憲法には世界人権宣言への言及があった。また、法学者の間で議論が分かれる点ではあるが、世界人権宣言を国際慣習法の一部と考え、一定の法的拘束力を認める学説もある。

さらに、世界人権宣言はその後の数々の人権関連の条約の拠り所ともなった。世界人権宣言が採択された1948年からの10年に限っても、ジェノサイド条約(1948年)、ジュネーブ四条約(1949年)、人身売買及び他人の売春からの搾取の禁止に関する条約(1949年)、難民条約(1951年)、女性の政治的権利に関する条約(1952年)、無国籍者の地位に関する条約(1954年)、奴隷制度廃止補足条約(1956年)、結婚した女性の国籍に関する条約(1957年)、国際労働機関(ILO)が同時期に採択した様々な労働条件に関する条約など、数々の人権条約が採択された。これらの条約は、それまでの人権関連の国際社会の取り組みを反映して、奴隷制や労働条件、女性の権利、戦争中の残虐行為の禁止などに関するものが多かった。

このうち、ジェノサイド条約だけは、世界人権宣言の前日に採択されたものであり、ある種独自の発展を遂げた条約である。この条約は、ポーランド出身のユダヤ人弁護士ラファエル・レムキンの尽力で、国連で最初の法的拘束力を持つ国際人権条約となった。若き日のレムキンがこの問題に関心を持ったのは、オスマン帝国によるアルメニア人虐殺の責任者であった元内務大臣が暗殺され、犯人としてアルメニア人が逮捕されたニュースに触れた時であった。一人の人間を殺したこのアルメニア人は処罰され、100万人以上とも言われるアルメニア人の死に深く関わったオスマン帝国の元内務大臣は、国家主権の壁のせいで処罰される法的根拠がない。この事実にレムキンは強い違和感を感じる。その後、法学を志したレムキンであったが、ホロコーストによって自分の家族の多くをナチスドイツに奪われ、アメリカに亡命を余儀なくされる。そして自分の一生をかけて、ある集団を抹殺する目的で国家や権力者によって行われる虐殺を特別な犯罪として国際法に位置付けようと考える。彼の尽力によって、この犯罪には「種族の殺害」という意味の造語、ジェノサイド(genocide)という新しい名前がつけられ、ジェノサイド条約として1948年12月9日に採択された。こうしてジェノサイドは国際的な犯罪のカテゴリーとして広く認知されることになったのだが、ジェノサイド条約採択の翌日に世界人権宣言が採択されるという歴史の偶然により、ジェノサイド条約の歴史的重要性が減じられたとしてレムキンは残念がったという(Power 2002)。

ホロコーストの衝撃が冷めやらないこの時期、同じような悲劇の再発を防ぐ手立てとしてこの条約への支持は広がり、１９５１年には必要な批准国数を集めて発効した。この条約は、締約国に対して行動義務を課しており、国家主権の制限を超えると受け取れる様々な条文を含んでいる。例えば、第一条から締約国がジェノサイドを「防止し処罰することに尽力することを確認する」とあるし、第八条は参加国が「ジェノサイド……の防止と停止のために……適切な行動を起こす」よう国連機関に要求することができるとしている。さらに第六条では、ジェノサイドの罪を犯した者は「国際的罰則法廷(international penal tribunal)」で裁判を受けるとされており、21世紀に入ってようやく現実のものとなる国際刑事裁判所(International Criminal Court)の登場を予見した建て付けとなっていた。これらの条文は、国家主権の壁を超えてジェノサイドを防ぎ、首謀者を処罰できるという点で、内政干渉を肯定していると理解できるものである。

次章で見るように、実際にこの条約に基づいてジェノサイドを止めるために介入したり、その責任者を処罰したりするケースは１９９０年代後半まで現れず、その後も各国政府および国際社会のジェノサイドに対する対応はほとんどの場合後手後手に回ってきた。それでも、締約国に何らかの行動を取ることを義務付けた人権条約として、ジェノサイド条約は今でも国際人権法の中で重要な位置を占めている。例えばスーダンのダルフールで、あるいは新疆のウイグル民族に関する状況で、「ジェノサイド」という言葉が使われるかどうかに多くの注目が集まること自体、この条約がジェノサイドが認定された場合に加盟国に行動を義務付けていることの重みを示しているのである。

## 人種差別反対と民族自決権

このジェノサイド条約とも関連して、人種問題と民族自決権に対する関心が最高潮に達したのが1950年代から60年代であった。これは前述のように、第二次大戦中の連合国の大義と戦後の国連での普遍的人権理念の確立を受けての展開であった。白人支配に対する反発が世界中で噴出し始めたこの時期、人種・民族の平等の理念は、世界人権宣言が唱える人権の普遍性原理に勢いづけられ、アジア・アフリカの植民地では民族自決権と独立運動に、その他の国々では、国内での人種差別反対を訴える社会運動につながる。

人種平等理念が一番早く国連で見られたのは、南アフリカのアパルトヘイトに対する反対運動であった。国連設立後間もない1946年には、インドが、南アフリカに住むインド人がアパルトヘイト政策の下で差別的な扱いを受けていることを非難する決議を提案し、これが内政不干渉の原則を持ち出した南アフリカの反論にもかかわらず、3分の2の賛成を得て可決され

アパルトヘイト下の南アフリカで非白人に携帯が義務付けられていた証明手帳の提示を求められる若者(堀内隆行『ネルソン・マンデラ』岩波新書，2021年より).

た。さらに、南アフリカでアパルトヘイトに対する抗議行動をしていた黒人に対して警察官が発砲し、69人の死者を出した1960年のシャープビル虐殺事件などで、国際的な関心はさらに高まる。安全保障理事会からも何度も非難決議が出され、この時期のオリンピックなどの国際イベントでも、アパルトヘイト関連の南アフリカの締め出しやボイコットなどが相次ぎ、度重なる国際社会からの制裁を受けて、南アフリカは国際社会から疎外された国(pariah state)となる。

新しくできた国連の国際司法裁判所でも、1950年代から60年代にかけて、インドがポルトガルに対して、カメルーンがイギリスに対してなど、アジア・アフリカの国々が欧米諸国に領土問題などの主権に直結する問題で勝訴するケースが見られた。こうした動きが民族自決権の盛り上がりをさらに後押しし、脱植民地化・独立運動を加速する。この結果、植民地支配の軛《くびき》を解かれたアジア・アフリカで次々に独立国家が建設され、これらの新しい独立国家は１９６０年代には、国連で数の上では欧米諸国を凌駕するまでになった。

もともと民族自決権は、植民地問題を抱えないソ連や中国が積極的に支持するのに対して、多くの植民地に権益を持つイギリスやフランスが反対したが、この問題では中立的なアメリカが間に立ち、英仏の利害も取り込みながら妥協的な形で国連憲章に含めることになったのであった。世界人権宣言では、ソ連の主張が却下され、民族自決権は含まれなかったが、人権条約の中には含めようという動きがアジア・アフリカ諸国で強い支持を受ける。植民地での人種平等に関しては概ね賛成していたアメリカも、チリが提案した、自然資源の使用に関しても民族自決権に基づいて各民族が決定する権利を持つという規定には反対し、発展途上国からの資源調達を確保しようとした。しかし、多くのアジア・アフリカ諸国が独立国家として国連のメンバーになり、共産主義国家もこの権利を支持する中で、１９６６年に二つの条約に分かれて採択された国際人権規約では、西側大国の反対にもかかわらず、二つの条約ともに第一項で民族自決権が規定されることになった(Musgrave 1997)。

人種差別に関しても、国際人権規約に先立つこと1年、１９６５年には人種差別撤廃条約が採択され、速いペースで批准国を集め、１９６９年には発効を見る。この条約は最初の監視機関を持つ国連人権条約であり、批准国に定期的な人権状況の報告を義務付けるなど、より実効性のある条約となるための仕組みが初めて取り入れられた。続いて1973年には、アパルトヘイト撤廃条約が人種差別撤廃条約とは別に採択され(1976年発効)、アパルトヘイトは人道への罪と規定される。

国内で人種差別を抱えるアメリカでは、人種問題が国連で大きく取り上げられることには大きな警戒感があった。実際、1947年には高名な黒人思想家・運動家のデュボイスを中心に、全米有色人地位向上協会が黒人差別を人権侵害として国連に告発する文書を提出した。この文書自体はほぼ黙殺されたが、国連本部のあるニューヨークで、国連の会議のために来訪した有色人種の各国政府代表が差別的な扱いを受けるケースも続発し、アメリカの人種問題は世界中から批判されることになる。アメリカの黒人運動家たちは、このような国際社会からの批判を国内の人種差別反対運動にとっての追い風として歓迎していたが、アメリカ政府としては国連がこの分野で国家主権を超えるような力を持つことは何としてでも防ぎたかった。一方でヨーロッパ諸国は、植民地の独立問題では人種平等を積極的に支持しないが、欧州内ではナチスドイツの再来を恐れ、反人種主義の流れには大筋で賛成していた。そこに新たに独立したアジア・アフリカ諸国の大多数が加わり、アメリカは南アフリカとともにこの動きに反対したが、これに抗しきれず、人種差別撤廃条約が採択されたのであった。

国際法として多くの締約国で国内法より上に位置付けられるこの条約は、国家の主権を一定程度制約すると言えるものであった。監視機関である人種差別撤廃委員会が設置され、レポートの提出が義務付けられ、それに基づいた審査が行われたり勧告が出されたりするという、国家にとっては厄介な手続きが通常化されていった。国内の人権状況に直接介入できるわけではないし、制裁などの具体的な行動は安全保障理事会を通さなければできなかったことにも変わりはないため、監視機関の行動は国家の壁を超えたものとは言えないかもしれないが、少なくともその壁をよじ登って壁の上からその国の状況を見て批判したりすることまでは十分可能になったのであった。

この例に見られるように、この時期にはアジア・アフリカ諸国が人種差別反対の観点から、積極的に国際人権を支持し、人種平等と民族自決権を国際人権システムの中心に据えることに成功した。この時の国際人権の議論では、人種・民族平等の風が強く吹いており、個人の権利を守るという欧米の人権観念とは少し違った方向を向いていたとも言える。サミュエル・モインのように、民族自決権を国際人権とは区別するべきという歴史家もいるが、この時の議論は人権の名の下に、世界人権宣言を掲げて行われていたのであり、これを国際人権の発展の流れと区別して考えるわけにはいかないであろう。

冷戦下で停滞する国際人権の発展を、大国の空隙を縫うように現れて大きく前に進めたアジア・アフリカ諸国であったが、実際に独立国家となって様々な民族・宗教・言語・階層からなる国民をまとめて政治を行うのは簡単でなかった。経済的には発展途上国であり、近代的な経済システムを立ち上げて貧困から抜け出す方策もはっきりしない中で、自然資源の輸出に頼って支配者だけに経済的利益が流れ込む仕組みができやすく、政治的にも民主主義が未発達な中、国民の不満も大きく、反対派を押さえ込んで、専制主義的な独裁体制を築く国も増えていった。そして、国連の人権監視システムが機能し始め、これらの国々の人権問題が頻繁に取り上げられるようになると、今度は踵《きびす》を返して国際人権の発展に慎重になる。人種平等や民族自決などが人権議論の中心であった時には先頭に立って国際人権を支持し、アパルトヘイトのケースのように内政干渉も厭わなかったアジア・アフリカ諸国であったが、自国内での人権侵害への批判には反発し、欧米の国家と同様、国家主権を盾に内政への干渉には抵抗しようとしたのであった。

## 国際人権規約の誕生

人種と民族に対する関心を中心に国際人権が動く中で、世界人権宣言を国際人権規約に発展させる作業は遅々として進んでいなかった。朝鮮戦争などを経て米ソ対立が深まり続ける中で、国連の活動全体が機能不全気味であったが、特に人権の問題では、米ソのイデオロギー対立のために、内容の合意が見通せない状況が続いた。国際人権規約の採択によって国際人権章典を完成させることには、世界中から大きな期待が集まっていたが、ジェノサイド条約や人種差別撤廃条約とは違って、人権問題を広範に包摂する規約の取りまとめにあたっては、各国の多様なイデオロギーと国益の調整が交渉を難しくしていた。

国連人権委員会が国際人権規約の最初の草稿を提出したのは１９４７年であったが、これは市民権に焦点を絞った18カ条からなる比較的短い文書であった。国連総会は、これにさらに政治権、経済権、社会権、文化権などの条項を追加するように人権委員会に指示する。これを受けて作られた草稿は、今度は長い文書になり、様々な権利を含んでいたため、西側諸国を中心に、この条約を分割する案が出る。これには、第三世界の国々などから、人権の不可分性を重視する反対意見もあった。しかし、朝鮮戦争などを経て、冷戦下の対立が深刻化する中、１９５２年には人権条約は市民・政治権と経済・社会・文化権の二つに分けて採択されるべきだという決定がなされる。ただし、この二つの条約は同時に審議され採択されなければならないという条件もついており、こうして人権理念の不可分性も一定程度担保された(Donnelly and Whelan 2020)。

１９５４年には、新しい草稿が人権委員会によってまとめられ、人権関連の議論をする国連総会第三委員会に出された。しかし、冷戦下のイデオロギー的対立に加えて、監視機関のあり方や係争処理の方法などについての合意も得られず、議論は紛糾する。前述のように、アジア・アフリカの新興国家の多くは、国際人権規約よりも人種差別関連の条約や機構を重視し、人種差別撤廃条約が先に採択されることになるのであった。これに遅れること1年、１９６６年12月になって、ようやく10年以上にわたった交渉がまとまり、国際人権規約が国連総会で採択された。ソ連と東側諸国が推す経済権・社会権がA規約と呼ばれる経済的、社会的及び文化的権利に関する国際規約(International Covenant on Economic, Social and Cultural Rights)に、アメリカを中心とする西側諸国が推す政治権・市民権がB規約と呼ばれる市民的及び政治的権利に関する国際規約(International Covenant on Civil and Political Rights)に規定された。両条約とも１９７６年には必要な数の国の批准を得て発効、監視機関を持つこれらの条約は、世界人権宣言と合わせて国際人権章典として、現在に至るまで国際人権の中でも最も重要なメカニズムの一つとなっている。

市民的及び政治的権利に関する国際規約は53カ条からなり、西側諸国が重視する、拷問や強制労働の禁止、思想・宗教・表現・集会・結社の自由、政治に参加する権利や公正な裁判を受ける権利などの、主に国家による抑圧から個人の権利を守る条項が規定されていた。また、国家報告制度が定められており、規約が締約国で効力を持ってから1年以内に最初の報告文書を、そしてそれ以降は5年ごとに定期報告書を提出し(近年は8年ごとに延期)、監視機関である規約人権委員会(Human Rights Committee)で審査を受けることが義務付けられた。多くの締約国が期限に遅れて報告書を提出するとはいえ、この制度は現在まで機能し続けており、規約人権委員会での審査で指摘された人権状況を改善するための努力が多くの国で行われてきた。

また、この規約には二つの選択議定書(Optional Protocols)が付いており、規約と同時に１９６６年に採択され、同時に１９７６年に発効した第一選択議定書は、締約国の人権問題を個人が直接、規約人権委員会に通報できるとするものである。締約国政府がその問題に対応せず、個人があらゆる国内での救済措置を使い尽くした後で、という前提ではあるが、国家にとっては不穏な制度であり、今日までに規約本体を１７３カ国が批准しているのに対して、この第一選択議定書を批准しているのは１１６カ国にとどまっている。１９８９年に採択され、１９９１年に発効した第二選択議定書は死刑廃止を目的としたものであるが、批准国数はさらに少ない

89カ国である。

さらに、規約本体には、国家通報制度という、ある国家が他の締約国の条約違反を通報できる制度もあるが、外交的にトラブルを起こしやすく、通報の応酬に陥る可能性のあるこの制度は、今までに一度も使われたことがない。このように、この規約の様々な規定とそれに対する国家のコミットメントの度合いを見るだけでも、国家主権をより大きく制限するような仕組みには、参加する国家の数も減らざるを得ないことが見て取れる。

もう一つの、経済的、社会的及び文化的権利に関する規約は31カ条からなり、主にソ連などの東側諸国が奨励していた、労働条件に関する権利、労働組合・運動に参加する権利、健康や生活条件に関する権利、教育や文化的生活に参加する権利などが規定されている。これらの権利は、実現のためには政府の積極的な介入が必要であることから積極的権利(positive rights)と呼ばれ、市民的及び政治的権利に関する規約で規定されている権利が、主に政府の介入を取り除くことで実現する権利であることから消極的権利(negative rights)と呼ばれるのと対比される。これらの積極的権利は、実現のための人的・金銭的資源がないと獲得されないために、発展途上国などにも配慮して、その実現の漸進的達成が目標とされている。

これまでに171カ国が批准している経済的、社会的及び文化的権利に関する規約にも、国家報告制度があり、締約国で発効から2年以内に最初の報告書、それから5年に一度の報告書の提出が義務付けられている。監視機関として経済的、社会的及び文化的権利に関する委員会（Committee on Economic, Social and Cultural Rights; 社会権規約委員会とも呼ばれる）があり、これが報告の審査にあたっている。また、2008年になって個人通報に関する選択議定書が付けられ、2013年にはこれが発効しているが、批准国数は26カ国にとどまっている。条約の実行が漸進的で良いとされていることもあり、監視・審査活動は市民的及び政治的権利に関する規約より全体に緩やかではあるが、締約国に条約の規定の実現を定期的に迫っているのは同じである。

## 国際人権システムの機能

人種差別撤廃条約と二つの国際人権規約を皮切りに、国連は女性差別撤廃条約（1979年採択／1981年発効）、拷問等禁止条約（1984年／1987年）、子どもの権利条約（1989年／1990年）、移住労働者権利条約（1990年／2003年）、障害者権利条約（2006年／2008年）、強制失踪防止条約（2006年／2010年）の九つの監視機関付きの人権条約を生み出してきた。これら九つの条約が他の人権関連の条約と決定的に違うのは、締約国の人権侵害を公の場で指摘し批判することができる監視機関の存在ゆえである。これらの監視機関で締約国から出てくる報告書を審査する委員は、国からの推薦・指名を受ける場合が多いが、基本的には個人の資格で参加しており、その限りで審査会議に出てくる各国の代表にも比較的遠慮なく質問や批判をぶつけることができる。それゆえ報告書の審査は緊張感のあるプロセスであり、報告書を踏まえての委員会からの質問とそれに対する国の代表の回答、それをフォローアップする質疑応答、国からの最終コメント、監視委員会からの懸念事項と勧告を含んだ最終見解という流れで展開する。次回の審査が何年後かにある(条約によってそのサイクルはまちまち)ということが重要であり、締約国は最終見解で監視委員会から出された課題に次回の審査までに応える努力を求められ、何の進捗もない場合は強く批判される。この繰り返し行われる報告書審査の継続性が、条約監視機関の実効性の鍵であるが、国家にとっては内政への干渉として煩わしい手続きである。この報告書審査のプロセス以外にも、締約国での調査活動をすることができる条約や他の締約国の人権侵害を問題にできる条約もあり、条約の内容を世界中で広める啓発活動も委員会の仕事の一部である。

国際人権規範の実効性を高めるもう一つの重要な国連機関として、経済社会理事会の下にある国連人権委員会(Commission on Human Rights)があった。53カ国の代表で構成されるこの委員会が、国際人権章典をはじめ国連発の人権条約を起草したのであり、この制度作りとアジェンダ設定がこの委員会の大きな役割である。多くの場合、人権条約は、最初は関連の宣言として採択され、そこを出発点にその問題のための国際年を設定し、それが次に国際10年となり、最後に法的拘束力を持つ条約にまで昇華するという出世コースを辿る。例えば、女性の権利に関して言えば、女性差別撤廃宣言が1967年、国際女性年が1975年、国連女性の10年が1976年から1985年、そして女性差別撤廃条約が採択されたのが女性の10年の間の1979年であった。他の問題はもう少し条約に到達するまでの時間が長く、例えば、障害者の権利宣言が1975年で、国際障害者年が1981年、国連障害者の10年が1983年から1992年で、障害者権利条約が2007年採択である。ほとんどの条約がこのコースを辿っており、一方で様々な問題が国際年や国際10年までは来ても、条約にはならずに終わっている。これらのプロセスは国連人権委員会で決定されるものであり、そこでの議論が人権規範の方向性を決めることになっている。

また、国連人権委員会には人権保護促進小委員会(Sub-Commission on Prevention of Discrimination and Protection of Minorities; 1999年にSub-Commission on the Promotion and Protection of Human Rightsに改名)があり、26名の民間代表によるこの委員会は人権委員会に様々な新しい提案を行う知恵袋、あるいはシンクタンクのような存在であった。委員たちは民間から選ばれた人権の専門家の集まりであるため、国家による規制には影響されず、市民の人権を守るために様々なアイデアを持ち寄る。新たな人権問題を、宣言や国際年として奨励するアイデアも、この小委員会から出てくることが多いし、ある人権問題に関して調査をするために特別報告者や作業部会を作るのもここからの発案であることが多い。

これらのアイデアの一つが、1503手続と呼ばれる個人通報制度である。1970年に経済社会理事会決議1503号で作られたためにこの名前で呼ばれるこの制度は、国連人権委員会に世界中から送られてくる多くの人権侵害に関する通報を取り上げて審査することを可能にした。このような通報を人権委員会が奨励していたわけではないが、国連で唯一の人権に特化した機関であったその性格上、人権侵害に苦しむ人々が国際社会に訴えようとする時に人権委員会を想起するのは不思議なことではなかった。しかし、委員会はこれらの通報に何らかの対応を取る術を持たなかったため、寄せられてくる手紙は処分されるしかなく、委員会は「世界で最も込み入った紙用ゴミ箱」とも言われていた。1503手続はこれを変え、個人や団体から届く通報の中で、大規模な人権侵害に関するものを取り上げて、加害者とされた政府から聞き取りをすることを可能にした。このプロセスは当初全て非公開で行われていたが、1978年からは、どの国の問題が審議されたかだけは公開されることになった。どのような人権問題で審議がされたかは引き続き非公開であったが、ある国が審議の対象となったというだけでも、その国での何らかの人権問題の存在を示唆するには十分であり、この手続きを通じて加害政府に一定のプレッシャーを与える効果は持っていた。

21世紀に入って、国連改革の一環として、国連人権委員会が国連人権理事会(Human Rights Council)として格上げされると、それに伴って小委員会や１５０３手続も名前を変えることになるが、その本質的な活動はそれほど変化していない。これ以外にも、１９６８年にテヘランで、１９９３年にはウィーンで開かれた世界人権会議、１９７５年から5年か10年おきに開かれている世界女性会議、１９７８年から3回開かれている反人種主義世界会議(レビュー会議も含めると6回)なども、国連主導あるいは協力の下で開かれてきた。また、１９９３年には、国連人権高等弁務官(UN High Commissioner for Human Rights)のポジションも作られ、国連での人権活動の司令塔の役割が期待されてきた。これまでの人権高等弁務官の仕事ぶりに対する評価は様々だが、ジュネーブにある人権高等弁務官事務所では５００人余りの職員が国連での人権活動を統括し、その成果を高めようとしている。

これらの人権機関の活動は明らかに内政への干渉を前提としており、国際社会が各国内の人権問題に対して発言することの正当性を高めるものであることは間違いない。国家主権は神聖なものであるから、お互いに他国の国内の事情に関しては発言は控えましょう、というのが第二次大戦前の国際的な合意であったが、このような議論はもはや通用しなくなったのである。もちろん今でも内政不干渉の議論を持ち出す国はあるが、それが以前ほど広い支持を受けているとは言い難い。

一方で、もう一つこれらの国連機関の仕組みから見えてくることは、その活動があくまでも啓発活動や調査、審査、批判などにとどまり、経済制裁や軍事介入などは難しいということである。国連の成り立ちからして、実際に経済制裁や軍事介入を行うためには、国連憲章第七章に基づいて、安全保障理事会で15カ国中9カ国が賛成し、常任理事国が拒否権を発動しないことが必要になってくる。このため、条約の監視機関や国連人権委員会、国連人権高等弁務官にできるのは人権侵害を問題にし、加害政府を名指しして批判すること(naming and shaming)で外的プレッシャーをかけることである。もちろんこれらの機関から安全保障理事会に何らかの行動を促すこともできるが、実際に安全保障理事会が人権問題で動くことはほとんどないことは次章で見る通りである。

## 冷戦下での空虚な約束のパラドックス

ここで国際人権の歴史に話を戻そう。国連人権委員会が国際人権規約の草案をまとめて総会に提出したのが1954年であったが、その後、両規約が採択されたのは1966年、そして必要な批准国数を達成して発効したのは1976年であった。この遅々とした進捗のペースを見てもわかるように、1950年代から60年代は国際人権の進歩が停滞した時代であった。冷戦下の東西陣営の対立、特にアメリカとソ連が睨み合い、双方が国連に不信感を持っていたことが大きかった。このことは、安全保障理事会での拒否権行使の状況からも見て取れる。例えば1956年のハンガリー動乱に際して、民衆の蜂起を暴力的に押さえつけるために武力介入したソ連に対して、ハンガリー国民の「人権と基本的自由」を守るための撤退を求める決議案をアメリカが提出するが、ソ連が拒否権を発動した。1968年のチェコスロバキアでも「個人の自由と人権」の名の下に米英仏を中心に7カ国がソ連軍の撤退を求める決議を提案したが、再びソ連が拒否権を発動した。アメリカは1960年代までは拒否権を使う場面があまり見られなかったのだが、1970年の南ローデシアでの人種差別問題を端緒に、南アフリカのアパルトヘイトに関する決議案などで拒否権を発動し、人権問題の国際社会による解決を妨げるのであった。

このような時代背景の中で、米ソどちらかの勢力圏にある国々の為政者は、人権条約を批准して、国連からの人権侵害に関する勧告などがあったとしても、無視を決め込んでおけばよいと高を括っていた。冷戦下の政治的計算の中では自分たちの庇護者である米ソのどちらかが拒否権を発動するなどして国際社会による具体的な行動を防いでくれるのであり、条約を批准することで国内の政治に大きな影響が及ぶとは考えていなかったのである。これは人権の実践の発展のためには大きな壁で、この時期に国際人権の発展は停滞し、世界のあちこちで起こっていた人権侵害に対して国連は有効な対抗措置を持ち合わせていなかった。その一方で、冷戦下のこの機能不全は、多くの国にとって人権条約批准のハードルを大きく下げ、実際、多くの国家、特に独裁的な体制で指導者が条約を簡単に批准できるような国で、国際人権条約の批准が進んだ。このような偽善的な人権条約批准は当時としては残念なことであったが、多くの国がこのような行動を取ることで、人権規範が国際社会で確固たる地位を確保するという逆説的な成果も得られた。

国際人権規約の批准は多くの西欧諸国で早い時期に進んだが、アメリカや日本のような他の民主主義国家では署名も、それに続く国内手続きを経た批准も、1976年の規約発効以降であり、アフリカ・アジア・ラテンアメリカ・東欧の必ずしも人権と民主主義の牙城とは言えない国々で先に批准が進められたのであった。ウルグアイ、チリ、アルゼンチン、ペルーなどのラテンアメリカ諸国は1960年代に国際人権規約に署名し始め、アルゼンチンを除いては70年代に批准を済ませる。そして、条約批准に関して国内の民主主義的手続きが少なく、より批准のハードルが低いケニア、タンザニア、ザイール、ガンビア、リビア、ルワンダ、マリなどのアフリカ諸国が1970年代に次々に規約を批准し、中東からアジアにかけても、イラン、イラク、フィリピン、カンボジアなどの国々が最も早く1960年代から70年代に署名と批准を進めた。東欧でも、ポーランドやウクライナ、ルーマニア、ブルガリアなどで市民権・政治権規約が1970年代に批准されていたことは驚くべきことと言えよう。これら早い時期に人権条約を批准した国々の中には、むしろ人権問題が顕在化し、批判の対象となっていた国が多いが、これはより強権的な政権ほど、支配者の一存で簡単に条約を批准できる場合が多いことによる。また、アムネスティ・インターナショナルのような人権NGOなどから人権実践の批判を受けた場合、批判をかわすためには、人権条約の批准は一つの有効な手段であった。国際社会から人権侵害を批判された場合、何食わぬ顔で人権条約を批准して、我が国は人権を大事にしておりますと言っておくことで時間を稼ぐことができたのである。

人権条約の監視機関など国連の人権システムがより機能するようになってから、多くの支配者が条約を批准したことを後悔したであろうが、時すでに遅く、人権規範の神聖とも言える地位が確保された冷戦後になって、やはり国際人権には賛同できませんとも言い出せず、批准で生じる条約遵守の義務と向き合わざるを得なくなったのであった。筆者が以前に共著論文で「空虚な約束のパラドックス(the paradox of empty promises)」と名付けたこの現象が、冷戦後の人権活動のための大きな推進力となるのである(Hafner-Burton and Tsutsui 2005)。

## 人権規範の地位向上と米ソ国内での政策変更

冷戦下のイデオロギー対立は、米ソ国内の人権実践にも思わぬ影響を及ぼすことになる。この時期の東西対立は、計画経済に基づく共産・社会主義と資本主義経済をベースにした民主主義の対立であり、どちらの社会システムがより優れているかが試されていた。この競争の中で、アメリカを中心とする西側諸国では、資本主義社会の経済的不平等や人種・民族・宗教・性別などに基づく差別が大きな社会問題であった。西欧諸国は植民地を手放したことで、人種差別や民族自決権の抑圧に関する批判は免れ出したが(少なくとも移民問題が注目されるまで)、アメリカでは国内での人種問題が引き続き大きな問題であった。一方で、ソ連を中心とする東側諸国においては、体制反対派の意見を強制的に封じ込める個人の自由の侵害や、国家の官僚的統治の不透明性、そしてソ連の東欧諸国に対する強権的支配体制などが大きな批判対象であった。

これらの問題に関して、国連をはじめ国際政治のあらゆる舞台で、米ソ双方が様々な形で相手の政治体制を批判し、その非難の応酬の中で人権観念が頻繁に持ち出された。アメリカはソ連の市民権・政治権の抑圧を非難し、ソ連はアメリカの人種差別、経済格差などを批判し、互いに自陣営の政治体制がより理想的なものであるという主張を重ねていた。この議論の中で、人権の内実に関する両者の理解にはズレがあったが、より高次の抽象的な概念としての人権は尊重されるべきものとして扱われていた。そして、イデオロギー対立が深まるにつれて、非難の応酬の意図せざる結果として、人権の国際規範としての地位は高まっていったのであった。

このイデオロギー対立は、まずアメリカでの黒人をはじめとしたマイノリティーによる公民権運動に大きな力を与える。もともとデュボイスをはじめとする黒人運動家は普遍的人権の観念を強く支持しており、アフリカ・アジアの植民地の独立運動とも連帯してその成功にも一役買っていた。１９５５年にロザ・パークスが仕事から帰途につく途中のバスの中で、白人のために席を移動することを拒否した頃から本格化した国内での公民権運動でも、キング牧師やマルコムＸなどが盛んに人権観念に言及する。この文脈の中で、ソ連がたびたびアメリカの人種差別の現状を批判し、人種による隔離政策を実施しているような国に人権を語る資格はないなどと批判したことは、アメリカ政府に大きなダメージを与えた。あらゆる問題が冷戦下の安全保障に関連付けて捉えられていたこの時期、国内の人種問題もソ連に対抗するために解決が必要であるとされ、アメリカの世界戦略の中でも重要な問題と理解されていた。

例えば、1961年のジョージア大学での演説で、ロバート・ケネディ司法長官は同大学が初めての黒人の学生を受け入れたことに触れ、このことが「世界的な……共産主義勢力との闘いの助けになることは間違いない」と述べた。この理解は党派的なものではなく、同じ時期に共和党のリチャード・ニクソン大統領候補も黒人の平等な権利の要求に応えることは、「共産圏の指導者たちのアメリカとアメリカが体現する価値観に対する批判」を封じ込めるものであり、国益に資することだと述べていた。当時のアメリカのリーダーたちは、黒人の受ける人種差別そのものに対する関心はそれほどなかったとしても、プロパガンダ戦略の一環として、公民権運動を黒人の要求に応える形で収束させる必要があると考えていたのだ(McAdam 1999)。

1964年の公民権法などのこの運動の成果は、もちろん黒人の人々自身の命をかけた抗議行動によって勝ち取られたことは間違いないが、政府の側ではこのような国際戦略も頭にあったことは見過ごしてはならない。ただし、公民権運動では経済権・社会権への関心は薄れていき、キング牧師などの中心的指導者が市民権・政治権の獲得を最優先する選択をした結果、法的平等はかなりの程度達成されたが、現在に及ぶ黒人社会の貧困や差別というレガシーも残してしまったと言われる(Anderson 2003)。

アメリカでの展開から少し遅れて、ソ連・東欧でも人権理念の影響は徐々に強まっていた。「鉄のカーテン」の向こう側で、情報の流布するスピードは遅かったとはいえ、東欧のいくつかの国では市民権・政治権規約も批准されており、米ソの人権理念を使ったイデオロギー対立の中で、それに触発された社会運動も見られた。チェコスロバキアの「憲章77」やポーランドの「連帯」などが最も有名なものであるが、これらの民主化運動に大きな影響を与えたのが1975年のヘルシンキ合意であった。

全欧安全保障協力会議のために集まった，左から，キッシンジャー米国務長官，ブレジネフ・ソ連総書記，フォード米大統領．1975年7月30日，フィンランドのアメリカ大使館にて(David Hume Kennerly 撮影．Gerald R. Ford Presidential Library & Museum)．

ヘルシンキ合意(Helsinki Accords)は、1975年にフィンランドのヘルシンキで開かれた全欧安全保障協力会議の最終合意文書である。この会議にはソ連をはじめとする東欧諸国を含むヨーロッパ33カ国とアメリカ・カナダが参加し、最終合意では、東側諸国が人権と自由を守るための国内での取り組みを進める代わりに、西側諸国は東側の領土や安全保障に関わる権益を保障するという取り決めがなされた。ベルリン危機やキューバ危機、泥沼化したベトナム戦争などを経て、米ソの対話による緊張緩和の機運が高まっていたおり、ヘルシンキ会議はこのデタントの流れを加速するものとして期待されていた。ソ連にとってはバルト三国などでの領土権を確保することが大事であったし、東欧諸国で西側が民主化勢力に力を貸すなどの内政干渉への警戒も大きな関心事であった。これらの問題をクリアすれば、西側が要求する人権と自由への言説上の支持や、国内でメディアの自由やNGOの活動に対する制限を緩めるなどの措置は、交換条件として悪いものではないと思われた。

こうして1975年にヘルシンキ合意が結ばれ、西側は国境の不可侵と内政不干渉を保証する代わりに、人権の尊重と人と情報のより自由な往来を東側に約束させた。東側諸国の思惑に反して、一旦開かれた人権と自由への扉は簡単に閉じることはできず、ヘルシンキ合意の履行を監視するために作られたヘルシンキ・ウォッチ(後のヒューマン・ライツ・ウォッチ)の活動などによって、東欧の民主化勢力は大きく力づけられる。1979年のソ連のアフガニスタン侵攻でデタントの流れは一旦絶たれるが、ヘルシンキ合意が作った人権と自由への道筋は、民主化勢力の伸長を招き、1989年以降のベルリンの壁崩壊とソ連崩壊につながっていく(Thomas 2001)。こうして、人権の国際規範としての地位が高まるとともに、米ソのような超大国といえども、国際社会での正当性を確保するために人権に関する批判は無視できず、そうした批判に対応するためにその政策を変更することを迫られ、ソ連の場合にはそれが国そのものの崩壊の一因ともなったのである。

## 2　冷戦下の新しい人権運動

### 国際人権NGOの発展

冷戦下の超大国間の競争の中で、人権が規範として国際社会で確固たる地位を獲得し、米ソの内政にまで影響を及ぼすようになったのは、現実主義的な国際政治の理解からすると考えられないような驚くべき歴史的展開である。これは国家間の外交だけでは起こり得なかったことであり、この過程で特に重要な役割を果たしたのが国際人権NGO(non-governmental organization:非政府組織)であった。前章で言及した奴隷制反対協会など数世紀にもわたって存在するNGOもあったが、この時期以降の人権運動をリードしたのは、アムネスティ・インターナショナルやヒューマン・ライツ・ウォッチなどの新しい人権NGOであった。

アムネスティ・インターナショナルは、弁護士のピーター・ベネンソンがロンドンの地下鉄に乗りながら読んだ人権侵害に関わる新聞記事に触発されて、1961年に結成した。その記事には、軍政下のポルトガルで、二人の学生が「自由に乾杯」と言っただけで逮捕され、7年の刑に処されたことが記されていた。この学生たちのような、表現や思想の自由の侵害を受け、いわれなく投獄された良心の囚人(prisoners of conscience)を国際社会からのプレッシャーで助け出そうというのがアムネスティの出発点であった。緊急コールや手紙によるキャンペーン、年次レポートなど新たなアドボカシー活動のやり方を広め、世界中の民主化と人権保護のために戦う人々に寄り添ってきたアムネスティは、1977年にはノーベル平和賞を受賞する。近年は、経済権・社会権の領域にも手を広げ、人権活動の総合商社とも言えるような、幅広い活動を行っている。メンバーからの会費にその活動費の多くを頼り、世界中にいる多数のメンバーが手紙を書いて運動を支援するキャンペーンを行うなど、メンバーを中心にした運営がその持ち味である。それゆえ、メンバーの支持を集めやすい人権問題や国家ばかりを対象に活動するとか、その幅の広さゆえに、元々の得意分野であった良心の囚人の釈放などが疎かになっているといった批判もあるが、国際人権の世界をリードし続けるNGOであることは間違いない。

もう一つの代表的な国際人権NGOが、前述のヘルシンキ・ウォッチが発展してできたヒューマン・ライツ・ウォッチである。ヘルシンキ・ウォッチは1978年にヘルシンキ合意の履行を確認するためにニューヨークを本拠地として作られ、ソ連・東欧諸国の人権状況を監視する役目を持っていた。これに続いて1980年代に入ると、南北アメリカ大陸の人権状況を調べるアメリカズ・ウォッチを皮切りに、アジア・ウォッチ、アフリカ・ウォッチ、中東・ウォッチなどが発足し、1988年にはこれらの組織が統合されて、ヒューマン・ライツ・ウォッチとなった。ヒューマン・ライツ・ウォッチはアムネスティ同様、政府などにプレッシャーをかけるアドボカシー活動も行うが、その軸足は調査活動に比較的重きを置いている。各地域にオフィスを構え、専門知識を持つ調査員がその地域での人権状況についてきめ細かく調査し、その情報を発信しており、専門性に基づく信頼性の高い情報収集と政策提言を得意とする、シンクタンクにも近い存在となっている。アムネスティ・インターナショナルのように会費に頼るのではなく、大口の寄付などによって運営費を捻出しているヒューマン・ライツ・ウォッチに対しては、寄付を呼びやすい国やケースを選んでレポートや政策提言を出しているという批判もある。

この二つの国際人権NGOはその規模と世界中を股にかける活動で、政府やメディア、他のNGOからも一目置かれる存在である。ニューヨーク・タイムズなどの主要メディアの人権問題に関する記事には、しばしばこれらのNGOの地域専門家が識者として取材に答えている。

他にも、女性の権利のための国際女性同盟(1904年創設)、マイノリティーの権利のためのマイノリティー・ライツ・グループ(1969年)、表現の自由のために活動するアーティクル19(1987年)などの特定の人権問題に焦点を合わせたNGOや、チベットの自由のためのフリー・チベット(1987年)、ロマの人たちの権利を守る欧州ロマの権利センター(1996年)、北朝鮮の人権問題を扱うリバティー・イン・ノース・コリア(2004年)などの特定の地域や国の人権問題に特化したNGOも多数存在する。そして、ほとんどが欧米を本拠地としていたこれらのNGOも、現在では多様化し、アジア・アフリカ・南米など様々な地域から発信を行っている。

これらの国際人権NGOは数も参加国も1970年代以降から大幅に増えて、国際人権機関の活動に決定的に重要な役割を果たしてきた。政府や国連などの国際政府機関は、職員の安全性確保の観点から、あるいは報復的措置を恐れて、他国の人権侵害に関しての調査や情報収集には及び腰になりがちだが、NGOはそのような懸念に制約されることなく、世界の隅々まで柔軟性を持って調査に出かけ、現地の人たちから情報を集めることができる。そして、その情報を世界中に発信することで人権侵害をやめるよう、政府や軍、企業などにプレッシャーをかけることもできる。国連などの人権機関に入ってくる情報の8割方はNGOから入ってきているとも言われ、国際人権の活動はＮＧＯなしには成り立たないのが現実である。

## 転換期としての１９７０年代

ヘルシンキ合意が結ばれ、国際人権規約の発効とともに監視機関が活動を始め、アムネスティ・インターナショナルのノーベル賞受賞で国際人権ＮＧＯの活動に大きな正当性が付与され、国際人権が大きな飛躍を遂げたのが１９７０年代であった。この時期には他にも重要な出来事がいくつかあった。

まず重要であったのがカーター大統領の人権外交である。１９７６年の大統領選挙で彗星の如く現れたジミー・カーターは、無名ながらクリーンで敬虔なクリスチャンであり、ウォーターゲート事件でニクソン大統領が辞任に追い込まれるなど、政治に対する不信感が充満していた時代の要請に応えて、フォード大統領を敗って１９７７年に大統領に就任した。彼は就任演説から人権という言葉を使い、アメリカの政治・外交で最も人権にコミットした大統領であったと言える。すでに１９７３年ごろからは人権問題とアメリカの経済・軍事援助を結び付ける法律が通されたり、１９７５年には国務省人権局が作られるなど、人権がアメリカ外交で大きな役割を果たす予兆はあったが、あらゆる面で道徳心を強調し、人権外交を本格的に展開したのはカーター大統領が初めてであった。ただ、キャンプデービッドでエジプトとイスラエルの間の和平協定を取り付けるなどの外交成果の一方で、血まみれの独裁者と言われたイディ・アミンが暴政を繰り広げていたウガンダや、パフラヴィー皇帝の下で強権的な政治が行われていたイラン、軍政による人権侵害が深刻だったラテンアメリカの国々などの人権侵害には冷戦下のアメリカの外交戦略の都合で目を瞑っていたという批判もある。結局、イラン革命で失脚したパフラヴィー皇帝のアメリカ入国を許したことで、イランでの反米世論が最高潮に達してアメリカ大使館占拠事件が起き、事態を収拾できなかったことが大きく響いて、1980年の大統領選挙ではレーガンに敗れることになる。

4年間の短い期間ではあったが、アメリカ大統領が人権を前面に押し出したことは、国際人権の進展にとっては大きな効果があった。敬虔なクリスチャンとして知られたカーター大統領であったため、彼の人権へのコミットメントは深く自分の良心に根ざした道徳精神の現れであると見られ、単なる政治的方便として受け流されることも少なく、アメリカと世界に人権の外交問題としての正当性を訴える効果を持った。

時を同じくして1970年代から、人権NGOは数が増えただけではなく、その活動内容も大幅に活発化する。1961年に設立されたアムネスティ・インターナショナルは、良心の囚人に焦点を当て、拷問、強制収監などの国家による人権侵害の被害者の顔と名前を出してその人間性を強調し、被害者を西側諸国、東側諸国、そして発展途上国のそれぞれから選ぶことで政治的な偏りを避けるなどして、キャンペーン運動を進めてきた。その運動が大きな注目を集めた最初のケースの一つが、アルゼンチンでの軍政による強制失踪であろう。

1976年から83年までの間、クーデターによって作られた軍事政権の下、反対派の市民が失踪に見せかける形で、政権によって次々に「消されて」いった。これは、お隣のチリで、同じくクーデターで政権をとったアウグスト・ピノチェットの軍事政権が、大っぴらに反対派を粛清したために国際的に厳しい批判を浴びたことから学んだ、アルゼンチン流の抑圧の仕方であった。軍事政権は、政府の関与を否定したが、この「汚い戦争(Dirty War)」で行方不明になった被害者の調査に入ったのがアムネスティ・インターナショナルであり、その報告書で政府の関与がつぶさに記されたのであった。1977年にアムネスティ

アムネスティ・インターナショナルが1984年に展開した拷問反対キャンペーンのポスター．同年，拷問禁止条約が国連総会で採択された（©Amnesty International）．

がノーベル平和賞を受賞するに及んで、その立場はさらに正当性を増し、アルゼンチンの政権にも大きなプレッシャーを与えた。アルゼンチン国内の「プラザ・デ・マヨの母たち」と呼ばれる被害者の家族の集まり(本章扉写真)なども大きな反響を呼び、政権にさらに圧力をかけた。フォード財団が人権侵害を受けた知識人を守るためということでアルゼンチン市民の運動をサポートする資金を出すなど、この時期、欧米の財団による人権関連の資金援助も増え出していた。こうした運動に応えて、カーター政権が軍事援助を止めたり、軍事政権の指導者の説得を試みるなど、欧米諸国からの干渉も見られた。軍事政権は1982年にフォークランド紛争を起こして国民の目を欺こうとするなどしたが、これも失敗に終わり、翌1983年には選挙で敗北し政権を去る。こうして国際人権運動が、軍事政権の広範にわたる人権侵害を止めることに大きく貢献したのであった(Keck and Sikkink 1998)。

この時期はまた、先述のように1975年のヘルシンキ合意で東欧でも人権に関する意識が高まり始め、1976年に国際人権規約が発効し、その監視機関の活動によって、締約国政府が報告書の提出・審査などで国際社会からの干渉を受け入れ始めた時期であった。また、アメリカ大陸人権条約(American Convention on Human Rights)が1979年に発効し、すでに1950年代から動いていたヨーロッパの人権機構や1981年に採択されたアフリカ人権条約

(African Charter on Human and Peoples' Rights)とともに、地域レベルの人権機構も影響力を持ち始めた。

それ以前の国際人権の取り組みを矮小化することはできないが、1970年代に国際人権システムが大きな飛躍を遂げたことは疑いない。この時期までに、人権NGOや国際人権機関による国内での人権の実践に関する批判は頻繁に見られるようになり、政府も最初は内政干渉だなどと反発するも、それだけでは逃れられずに、何らかの対応を取るというパターンが増え始めた。もちろん、人権実践に変化が見られないケースの方がまだまだ多かったし、何らかの進歩がある場合もかなりの時間がかかっていた。それでも、内政干渉肯定の原理が確立されたと言えるだけの国際的な制度と、その中で情報収集や対国家キャンペーンなどを通して実行部隊として活動する人権NGOは、1970年代から80年代にほぼ出揃っていたと言える。

## 停滞の1980年代

1979年のソ連のアフガニスタン侵攻、1980年の西側諸国のモスクワ・オリンピックボイコットとカーター大統領の大統領選挙での敗北を経て、1980年代に入るとデタントの流れは止まり、レーガン政権の下で米ソの緊張が再び高まる。1981年に就任したロナルド・レーガン大統領は当初、カーター大統領の人権外交とは真逆の方向に進もうと、国務省人権局長として、人権局を壊すと明言している人物をノミネートした。しかし、このノミネーションがはっきり否定されたことで、人権の規範としての強さを認識したレーガン大統領は人権に対するアプローチを変えて、今度は冷戦下で戦略的に人権を使うようになる。人権を市民的・政治的権利に限定し、国際人権とは切り離してアメリカの人権と民主主義に対するコミットメントを前面に押し出したレーガン政権は、東欧諸国をはじめとする社会主義政権に対しては人権の観点から非難したり制裁を加えたりする一方で、エルサルバドル、チリ、フィリピンなどのアメリカに近い反共政権の人権侵害には目を瞑り、むしろそれらの国々への軍事援助を進めた。経済的・社会的権利をほぼ無視し、国内の人種差別にも無関心であったレーガン政権の人権理念は、国際人権規範からは少しずれた、民主主義とほぼ同義の概念となっていた(Mertus 2008)。

それでも、言説レベルでは人権理念を巧みに使って冷戦下のイデオロギー闘争を戦ったため、人権の規範としての地位は維持され、さらに上記のように米ソの庇護の下に人権条約を批准する国も増え続けた。女性差別撤廃条約、拷問等禁止条約、子どもの権利条約などが次々に採択・発効され、監視機構を持つ人権条約の数も増え、多くの国家がそこで審査・勧告を受ける義務を引き受けていった。その一方で国際人権ＮＧＯも急速に増え、世界中で啓発、情報収集、アドボカシーなどの活動を活発化させて各国政府に人権状況の改善を迫っていく(Tsutsui and Wotipka 2004)。

こうして人権の普遍性の原理と内政干渉肯定の原理が理論的に確立されたこの時期を経て、冷戦が終わり米ソの対立による国連の機能不全が改善される１９９０年代に入る。二つの原理に規範の上でも国際法上もしっかりした足場ができた中で、実際に噴出する多くの人権侵害に対応するにあたって、国際人権のシステムはどれほどの実効性を持ち得たのであろうか。次章では、この実効性の問題に焦点を当てる。

冷戦崩壊後の10年間(1991–2000年)，第8代国連難民高等弁務官UNHCRを務めた緒方貞子氏，ザイールのルワンダ難民と．1995年2月(UNHCR/P. Moumtzis.『聞き書　緒方貞子回顧録』岩波現代文庫，2020年より)．

# 第3章
# 国際人権の実効性
## (1990年代以降)
## ——理念と現実の距離

# Q. 国際人権システムは世界中での人権の実践の向上にどの程度貢献したのか？

普遍性の原理と内政干渉肯定の原理がともに確立され、人権条約の批准が進み、条約監視機関、国連人権委員会、国際人権ＮＧＯなどの活動が活発化し、さらに１９９０年代に入って冷戦下の国連の機能障害が取り除かれるとともに、国際人権の黄金時代への期待が大きく高まっていった。規範や国際法としても、制度や枠組みとしても、実効性を持って人権理念を実現していくための国際人権システムが構築されてきたのであるが、果たしてこのシステムは各国での人権の実践にどの程度影響を与えてきたのか？

## 国際人権の国内的有効性に関する論争

前章で見たような歴史的経緯を経て作られてきた国際人権機構だが、近年になってその有効性に関して様々な研究が現れ、大きな論争を呼んでいる。国連を中心に国際人権のシステムが整い、冷戦後にそれらの機関が機能する環境が整ったのだが、それでは1990年代から現在までの間に、国際人権は期待されたような成果を出してきたのか？　この疑問に答えるべく、様々な研究者が国際人権条約や人権機構の働きに関して、統計データや質的な研究で理解を深めてきた。

この20年余りの間に、各国の人権の実践の数値化が進むとともに、社会科学者が人権条約の批准状況と実践との相関関係を国際比較できるようになり、統計分析で人権条約の実効性を測る研究が次々に現れた。こうした分析で特によく取り上げられるのが、表3-1にある監視機関を併せ持つ主要な九つの国際人権条約である。これらの条約の批准状況に関しては、ある国がある年にある条約を批准しているかいないかははっきりしており、数値化が比較的容易である（ただし、国によっては多くの留保をつけての批准であることには留意が必要）。しかし、人権の実践の数値化に関しては、厳密な国際比較に耐えうる、あらゆる研究者が納得するような指標を得るのが難しく、統計データの理解に関して議論が分かれている。

人権実践の国際比較で一番よく使われる統計データは、身体の尊厳に関する権利（physical in-

表 3-1　国連主要人権条約(2021 年 6 月 18 日現在)

| 条約名(略称) | 監視機関 | 採択年<br>発効年 | 締約国数 | 日本の批准年 |
|---|---|---|---|---|
| 人種差別撤廃条約 | 人種差別撤廃委員会 | 1965 年<br>1969 年 | 182 | 1995 年 |
| 市民的及び政治的権利に関する国際規約 | 規約人権委員会 | 1966 年<br>1976 年 | 173 | 1979 年 |
| 経済的，社会的及び文化的権利に関する国際規約 | 社会権規約委員会 | 1966 年<br>1976 年 | 171 | 1979 年 |
| 女性差別撤廃条約 | 女性差別撤廃委員会 | 1979 年<br>1981 年 | 189 | 1985 年 |
| 拷問等禁止条約 | 拷問禁止委員会 | 1984 年<br>1987 年 | 171 | 1999 年 |
| 子どもの権利条約 | 子どもの権利委員会 | 1989 年<br>1990 年 | 196 | 1994 年 |
| 移住労働者権利条約 | 移住労働者保護委員会 | 1990 年<br>2003 年 | 56 | 未批准 |
| 障害者権利条約 | 障害者権利委員会 | 2006 年<br>2008 年 | 182 | 2014 年 |
| 強制失踪防止条約 | 強制失踪委員会 | 2006 年<br>2010 年 | 63 | 2009 年 |

tegrity rights)の保護、すなわち拷問や強制失踪、その他の国家による恣意的な暴力に関わる人権問題についてのものである。このデータは、アムネスティ・インターナショナルや米国国務省が各国のその年の人権状況をまとめた年次報告書を拠り所としている場合が多い。研究者は1970年代から継続的に発行されているこれらの報告書を読み込んで、各国でのそれぞれの年の身体の尊厳に関する人

権の保護状況を点数として数値化するのが普通である。

この数値化されたデータを時系列的に見ると、全体として人権条約の批准や国際人権システムの発展によって、これらの権利がより守られるようになったという結論は出ない場合が多い。ウーナ・ハサウェイの先駆的な研究に始まり、いくつもの統計データを使った分析が、人権条約の批准後、人権の実践が必ずしも向上していないことを示してきた(Hathaway 2002; Hafner-Burton and Tsutsui 2005)。こうした分析をもとに、国際人権の歩みは条約や機構などを作る制度設計の段階までは比較的順調であったが、普遍性原理を現実に当てはめ、内政干渉肯定の原理をもとに人権の実践向上のための手段を実行するという段階になって、その無力さが露呈したのだという批判が強まってきた。国際人権機関はもともと大国を利するように作られており、数だけは増えたが条約には有効な罰則規定もなく、また人権理念自体が上からの、特に西側諸国からの押し付けという感覚も強く、人権に関心のある人たちの自己満足のためだけの意味のない営みが続いているというのである(Hopgood 2013; Posner 2014)。

これらの国際人権の効力否定派に対して、肯定派も様々な観点から反論してきた(Sikkink 2017; Simmons 2009)。人権関連の統計データは、情報収集能力が高まった近年の方がより多くの人権侵害が報告されやすくなっているために、実際には人権の実践が良くなっている国でも、データ上は悪くなっているように見えるという問題がある。また、数値化にあたって、誤差の範囲に入ってしまうような人権実践の向上や、数字にはなりにくい社会的差別の減少などの分野での成果が無視されているという問題もある。実際、歴史的な分析やフィールドワークなどの質的な研究では、効力肯定派の見解を支持する結果が多く、これらの研究の中では、国際人権の仕組みを通じて、様々な国が人権の実践を向上するプロセスが描かれてきた(Risse, Ropp, and Sikkink 1999; 2013; Tsutsui, Whitlinger, and Lim 2012)。ただし、質的研究の中にも、ジェノサイドなどの最も大規模な人権侵害に関して、「二度と繰り返さない(Never again)」といったスローガンに反して、国際機関が概ねそれを止めるのに無力であったこと、人権理念が普遍的とされながらも、アメリカなどの力のある国やエリート層によって利用されてきたことなど、否定派を支持するような結果のものもある(Barnett 2002; Power 2002; Hopgood 2013)。

効力肯定派と否定派、どちらの議論に分があるのか。以下では、冷戦終結前後からの国際人権の取り組みについて、まずはジェノサイドなどの大規模な人権侵害に対してどの程度の効力があったのかを検証する。

## 1　冷戦崩壊後の期待と現実

### 天安門事件のレガシー

冷戦後の世界では、これまでの米ソ対立の枠内での国際政治の軛《くびき》があちこちで解かれ、民主化の動きやその抑圧、民族紛争、食糧危機など大きな問題が噴出する。その中で出てきた大規模な人権侵害に対して、国際社会は必ずしも適切な対応を取ることができなかった。その先駆けとも言えるケースが中国での天安門事件である。ベルリンの壁やソ連の崩壊に先立つ1989年4月、改革派の胡耀邦元総書記の死をきっかけに、民主化を求めていた学生たちが天安門広場に集結し抗議行動を始めた。中国政府はこれを武力で弾圧し、10万人もの市民と衝突して多くの犠牲者を出す。中国政府は外国メディアを締め出して情報統制を図ったが、戦車の前に一人で立って対抗し、後に「タンクマン」と呼ばれて事件の象徴となった市民の姿などが世界中に配信され、人々の心を打った。当時広がっていたCNNなどのニュース専門チャンネルで人権侵害の現場とほぼ同時進行で情報が共有されるようになっていたこともあり、共感の輪は世界中に広がっていった。

世界の注目を集めたこの事件に際して、国際社会は中国に対して厳しい反応を示す。西側諸国は日本を含めて軒並み非難声明を発表、経済援助や武器輸出を止めるなどの制裁も行った。この時点では国際人権規約に署名もしていなかった中国に対して、何らかの措置を取れる国際人権機関は国連人権委員会であった。そこでは中国を非難する決議案が何度か提出されたが、中国政府は拘束されていた民主化運動家の解放や国際人権規約の署名などの人権面での譲歩を見せたり、外交的・経済的利益をちらつかせてヨーロッパ諸国や発展途上国を分断するなど、巧みな外交手腕によってこれらの決議案を次々に否決に追い込んでいった。そして、中国に対する内政干渉と言えるものであった西側諸国の制裁も長続きしない。改革開放経済政策が動き出し、その市場の将来性に大きな期待が集まっていたこともあり、日本やアメリカをはじめ多くの国が次第に中国に対する制裁を緩めていった。中国が経済成長を成し遂げ大国となった現在、中国国内では天安門事件の記憶は意図的に消し去られ、国際社会でもこの事件が語られることが少なくなってきた。こうして、天安門事件の弾圧は中国の成長のために正しかったという言説が中国人コミュニティーで支持され、世界中が注目した人権侵害の記憶が薄れていくのも、事件後に国際社会がより強い対応を見せなかったことによる部分が大きい。

まだ「眠れる巨人」であった頃の中国に対しても、国内での人権侵害に対して有効な手立てが取れなかったのであれば、今の経済的にも軍事的にも超大国になった中国に、国際社会が何かできることがあるのか。現在の中国の指導者たちがこう考えるのも自然であり、この理解を変えるには国際社会の側が相当の覚悟を持って方針転換をしなければならないだろう。現在まで続く中国の経済重視、人権軽視の姿勢のルーツの一つは、天安門事件とその後の国際社会の対応にあったと言えるのである。

## ユーゴスラビア紛争とジェノサイド

天安門事件からしばらくして、ソ連と東欧の社会主義圏の崩壊が進む中、最も混迷を極めたのが旧ユーゴスラビアであった。もともと多民族からなる複雑な連邦国家をティトー大統領がカリスマ的リーダーシップで束ねていたのであったが、彼の死後国内は分裂し始め、ソ連崩壊とともに民族・宗教集団間の対立が激化する。旧ユーゴスラビアを構成していたスロベニア、クロアチア、ボスニア・ヘルツェゴビナ、セルビア、マケドニア、モンテネグロなどはそれぞれ独立国家となるのだが、その過程で各地でナショナリズムが高まり、特にスロボダン・ミロシェビッチ大統領に率いられたセルビアは、強力なナショナリズムに煽られて、失地回復の名の下にボスニアに侵攻する。国連も必ずしも手を拱《こまね》いていたわけではなく、ＰＫＯを派遣し、

アナン国連事務総長，国連平和維持活動に参加する将校と．1995 年，ボスニア・ヘルツェゴビナの首都サラエボにて（『介入のとき　コフィ・アナン回顧録』岩波書店，2016 年より）．

青いヘルメットを被った国連平和維持軍が安全な避難所を作って、「安全地帯」の中でボスニア市民を守っているはずであった。しかし、ラドヴァン・カラディッチやラトコ・ムラディッチなどの、民族浄化と失地回復のために頭に血が上った将校たちに率いられたセルビア軍は、国連平和維持軍の「安全地帯」にまで侵攻し、ボスニア人の男性のほとんどを処刑するように虐殺した。特に大規模な虐殺が行われ、８千人余りのイスラム系ボスニア人が犠牲になった１９９５年７月のスレブレニツァの虐殺が最もよく知られたケースだが、その他にもあちこちで大量の殺戮が繰り広げられ、第二次大戦後初のヨーロッパでのジェノサイドと言われる。この時の様子は、セルビア軍に同行したセルビアのメディアによって撮影されており、後に「A Cry from the Grave」などのドキュメンタリーとして一部が公開されているが、現場の国連平和維持軍がセルビア軍の侵攻を防ぐための空爆を何度も要請するのに、国連が官僚的な理由でこれを認めない様子は、その後の虐殺を知る者にとっては見ていていたたまれないものである。

アドリア海を挟んでイタリアの対岸にあり、ドイツからもそう遠くない旧ユーゴスラビアでの紛争は、ヨーロッパ諸国およびＮＡＴＯにとっては衝撃的なものであり、国連などを通じてこれを止めようという努力は早くから見られた。１９９３年5月には、国連安全保障理事会の決議によって旧ユーゴスラビア国際戦犯法廷(International Criminal Tribunal for the Former Yugoslavia)が設置された。これは、この地域での紛争で戦争犯罪やジェノサイドなどの人権侵害を行った責任者個人を訴追し処罰するための法廷であり、１９９０年代後半には毎年何十億円から１００億円近くの予算がつき、１千人以上のスタッフが働く大規模な法廷であった。２０１７年の閉廷までにその人員規模は縮小したが、引き続き毎年１００億円規模の予算での運営が続いた。１６１人を訴追し、うち91名に有罪判決を出したこの法廷がどの程度、人権侵害を予防する効果を持ったかは意見が分かれる。これだけの予算を使った割にはどのような効果があったのかという批判もあるが、スレブレニツァでの失敗以降、例えば、ボスニア人男性をバスに乗り込ませ、離れた広場に連れて行き処刑しようとしていたセルビア軍を止めて、「ここにいるボスニア人に何かあればお前たちを必ず法廷に突き出すぞ」と言った国連の将校の話のように、法廷の存在が何らかの効果を持った場面はあったと思われる。

また、この法廷は後述する移行期の正義(transitional justice)の確立にとって大事なものであった。その訴追・裁判は公正で開かれたものであり、あらゆる文書はもちろん、裁判の様子もホームページ上で中継され、録画したものも公開されており、後の国際人権法廷のモデルともなった。さらに、この法廷にはアメリカやヨーロッパを中心に多くの人権弁護士が参加し、その後の国際人権の発展、特に後述する国際刑事裁判所の設立などの人権司法の発展に大きな貢献をすることになる。

## コソボ紛争とNATOによる軍事介入

旧ユーゴスラビアでの紛争は長く続き、今度は1998年に北部のイスラム系アルバニア人が集中するコソボを焦点に大きな山場を迎える。スレブレニツァの虐殺に衝撃を受けた米欧は、セルビアをはじめ紛争当事者諸国に強いプレッシャーをかけ、オハイオ州デイトンでアメリカのリチャード・ホルブルック国務次官補(当時)を中心とした交渉を行い、1995年12月にはデイトン合意が正式に結ばれた。デイトン合意は国際社会による紛争仲介のお手本とも言われるくらい高い評価を得た外交努力であり、激しい戦火を一旦は止めた。しかし、この合意にはコソボに関する解決策が欠けていた。

セルビアの一部であったコソボのアルバニア人とセルビア人の間には常に緊張関係があったが、ミロシェビッチ大統領の登場で緊張はさらに高まり、旧ユーゴスラビアでの紛争当初から、コソボのイスラム系アルバニア人の間では独立の機運が高まっていた。アルバニア人は当初コソボ民主同盟を組織し非暴力的な抗議活動の形で、ミロシェビッチ大統領のコソボに対する強権的な姿勢に反対する運動を進め、住民投票を行い圧倒的多数でコソボの独立を支持する結果を出すなどして、平和的な独立を目指していた。しかし、このような運動は国際社会からも国内でも無視され、その結果アルバニア人の運動家は急速に過激化し、コソボ解放軍を作ってより暴力的な路線を取るようになる。こうしてコソボ解放軍とセルビア軍との対立が軍事的紛争に発展したのが１９９８年初頭であり、再燃したセルビアナショナリズムを背景に、ミロシェビッチ大統領はコソボへの攻勢を強めた。デイトン合意の成果を無にしたくないアメリカをはじめ国際社会は平和裏の解決を探るが、和平交渉は決裂、再びセルビア軍による民族浄化や虐殺が起こり、これに対抗してＮＡＴＯの空爆が始まったのが１９９９年３月であった。３カ月弱にわたる空爆は次第に激しさを増し、当初は和平協定に否定的だったミロシェビッチ大統領も、セルビア軍のコソボ進駐を防ぐための欧米の強い意志を理解し、コソボ治安維持部隊の派遣とセルビア軍の撤退に同意する。その後、コソボの地位については交渉が続いたが、２００

8年にコソボ政府が一方的に独立を宣言し、セルビア政府との交渉は決裂、日本やアメリカをはじめ多くの国がコソボの独立を承認したが、ロシアなどの反対により、コソボの国連加盟はまだ実現していない。

このコソボ紛争では、10万人以上が犠牲になったが、NATOの空爆はさらに大規模な犠牲を防ぎ、ジェノサイドを阻止する介入であったと評価される。ただし、このNATOによる軍事介入は、国連安全保障理事会の決議に基づくものではなく、「違法だが正義の介入」とされる。ユーゴスラビアと近かったロシアや中国が拒否権を行使することは確実で、安保理の承認は得られなかったのであり、それまでのセルビア軍の行動に鑑みこの軍事行動を正当化する材料は十分にあったと考えられる。しかし、このような前例を作ったことは、次に例えばロシアか中国が同様の理由で近隣地域への軍事行動を正当化しようとした場合に、これに国際社会がどう対応するのかという問題を残した。

こうした国際法上の問題は残ったし、犠牲者を防ぐための早めの対応ができなかったことは失敗と言わざるを得ないが、戦犯法廷の設立やNATOによる軍事介入など、国際社会が紛争によるそれ以上の犠牲をくい止め、ジェノサイドを阻止しようとした努力は一定の成果を出した。ソ連崩壊以後、ロシアの国力が回復しておらず、中国もまだアメリカと対抗するだけの超大国にはなっていなかった１９９０年代は、ハイパーパワーとも言われたアメリカの一極体制の時代であり、アメリカが腰を上げれば国際社会が大規模な人権侵害を防ぐために行動を起こせることが示され、その後の国際人権活動への一層の期待が高まった時代であった。

## ルワンダのジェノサイドと国際社会の無関心

そのような国際人権活動に楽観的な時代背景の中でも、大国にとって戦略的重要性を持たない地域での人権侵害は黙殺されるという事例となってしまったのがルワンダの虐殺であった。ヨーロッパのど真ん中で起こった旧ユーゴスラビア紛争が国際社会の大きな注目を集め、紛争解決のための様々な外交努力が行われる一方で、１９９４年に起こったルワンダでの虐殺は、様々な危険信号が察知されていたにもかかわらず、国際社会の無関心の中で80万人ものツチ人の犠牲者を出してしまう。

ルワンダでの紛争はフツ人とツチ人の対立によるものであるが、この二つの民族の境界は歴史的には曖昧なものであり、ベルギーの植民地政策の中で作り出されたのであった。ベルギー人は、身体的特徴が比較的白人と近いと思われたツチ人の方を優遇し、統治機構の中心に据え、教育などでも優遇することでフツ人との分断を広げ、植民地統治を進めていった。１９５０年代にアフリカで植民地からの独立の機運が高まると、宗主国ベルギーは今度は人口の上で多数派であったフツ人による統治を支持、これ以降、1962年のルワンダの正式な独立以後も、フツ人とツチ人の間の対立がたびたび暴力化してきた。ルワンダを追われ難民となったツチ人はウガンダなどの近隣国に逃れ、1987年にはルワンダ愛国戦線を結成し、ルワンダに戻ってツチ人の居場所を確保することを目指した。一方でフツ人の一部はツチ人に対する過激な民族主義的煽動を行うようになり、雑誌やラジオなどでツチ人を「ゴキブリ」と呼ぶなど、人間以下の存在として侮蔑するようなヘイトスピーチを流布するなどして、虐殺の布石を打ち始めた。武力紛争を危惧した国際社会は、1993年、アフリカ統一機構の主導の下でフツ人とツチ人の間でアルーシャ合意を結び、武装解除のプロセスのために国連平和維持軍も派遣された。

この国連平和維持軍を指揮したロメオ・ダレール司令官は、武器の集積や国内での反ツチプロパガンダの過激化、さらにはフツ人の内部告発者による情報から、フツ人によるツチ人の大虐殺の計画を察知し、国連事務総長に直接ファックスで連絡を取った。ダレール司令官はまずは武器庫を差し押さえるなどの手段で虐殺を防ごうとしたが、この計画は当時PKO担当事務次長で後に国連事務総長となるコフィ・アナンによって却下された。

こうして虐殺の準備が周到に進められる中で、その直接の引き金となったのは、1994年

4月に起こったフツ系のハビャリマナ・ルワンダ大統領暗殺事件であった。彼の乗った飛行機がミサイルにより撃墜されたこの事件は、誰が首謀者であったか明らかでないが、フツ人はこれをきっかけにツチ人虐殺のキャンペーンを始め、民兵を中心に国軍の協力も得て、数カ月の間に70万人から80万人（100万人を超えるという推定もある）を殺戮するという驚異的なペースでツチ人の無差別な虐殺を進めた。明らかにジェノサイドを目的としたこの蛮行は、元々は同じコミュニティーの住人であった人々の間での殺戮をもたらし、拷問や強姦などその残虐性も際立っていた。フツ人の穏健派やPKO部隊のメンバーも殺害され、ダレール司令官による国連に対する度重なる応援の要請は却下され、国連は有効な対応を取れないまま、PKO部隊の安全を守るために部隊を退去させてしまう。結局、1994年7月に入ってツチ人によるルワンダ愛国戦線が武力によって虐殺を止めるまで、国連と国際社会はジェノサイドが起こっているという認識を持ちながらも、それを黙って見ていたに等しいのであった。

国際社会の消極的な対応は、旧ユーゴスラビアでのより積極的な対応と比較して、強い批判を受けることになる。アメリカでは、この直前の1993年に、後に「ブラック・ホーク・ダウン」として知られるソマリアでの人道的介入の失敗があり、アメリカの軍人の遺体がソマリアの民兵に引きずり回されるという屈辱的な出来事を経て、当時のクリントン政権にとってアフリカでの軍事的介入は難しい政治状況があった。元宗主国のベルギーや、フツ人のルワンダ政府側と関係が深かったフランスなどが一定の関与をしたが、資源も少なく戦略的重要性もないアフリカの小国での内戦に対して、国連と国際社会はあまりに無関心であった。

その後、遅ればせながら、国連安全保障理事会は1994年11月にルワンダ国際戦犯法廷(International Criminal Tribunal for Rwanda)の設置を決める。タンザニアのアルーシャに置かれたこの法廷では、2015年の閉廷までに93人が訴追され、うち62人が有罪判決を受けた。1998年にこの法廷で出た、ジャン＝ポール・アカイェス市長に対する判決ではジェノサイドの罪が認定されており、これがジェノサイド条約が最初に適用されたケースだとされている。

この戦犯法廷が設置されたのは、虐殺がほぼ収束してからであり、旧ユーゴスラビアの場合とは違って、法廷の設置自体は人権侵害の抑止効果を持つには遅すぎた。それでも、より抽象的ではあっても、国際社会が人権侵害に目を向けているという認識だけでも、虐殺の被害を抑える要素になり得た可能性はある。例えば、虐殺の中で1千人以上のツチ人を自分のホテルにかくまって助けようとしたフツ人のホテル経営者を描いた映画「ホテル・ルワンダ」では、主人公が政府軍の将校に、アメリカ人はあなたたちの行動を見ているのであり、ツチ人の保護を手伝わなければ、この紛争が終わった後にあなたを捕まえて処罰しにきますよ、と迫るシーンがある。このシーンについて、主人公のモデルになったポール・ルセサバギナ本人に事実かどうか聞く機会があったのだが、彼は、このシーンで描かれている場面ではなかったが、フツ人の将校などにこう言って説得を図ったのは事実だと教えてくれた。そして、言うまでもなく、国際社会がもう少しルワンダでの虐殺に関心を持っていれば、犠牲者の数は大幅に減らせたであろう。ダレール司令官が要請した5千人余りの平和維持軍の増員が実現していれば、何十万人ものツチ人の命が救われていただろうというのは、多くの識者の評価である。

## 東ティモールでの成功

旧ユーゴスラビアやルワンダでジェノサイドを防げなかった国際社会だが、その反省も踏まえて、大規模な人権侵害を防いだケースとして知られているのが東ティモールの独立に至るプロセスである。

ポルトガルの植民地であった東ティモールでは、独立国家となったインドネシアの領有権主張にもかかわらず、ポルトガルの支配が続いていた。しかし、１９７４年にポルトガルで起きたカーネーション革命で植民地の維持にコミットしていた保守独裁体制が崩れると、東ティモールで独立の機運が高まった。翌年にはポルトガル軍は東ティモールから撤退し、一旦は東ティモール民主共和国の独立宣言まで出されるのだが、この機に乗じてインドネシアが東ティモールに侵攻し、併合してしまう。国連安全保障理事会がインドネシアの即時撤兵を求める決議案を可決するなど、国際社会はインドネシアを非難したのだが、反共のスハルト政権との関係を重視する西側諸国は結局この状況を黙認する。その後のインドネシアの支配は過酷なものであり、独立を求めて抵抗する東ティモールの人々に対して激しい弾圧を加え、10万人以上の命が失われた。平和的な抗議活動をしていた市民に無差別に発砲して数百人の犠牲者を出した1991年のディリの虐殺などが注目を集め、1996年には東ティモール独立革命戦線のジョゼ・ラモス＝オルタ氏と、宗教家として対話を推進したカルロス・フィリペ・シメネス・ベロ司教にノーベル平和賞が贈られた。

このような政治的背景の下で、1998年にアジア通貨危機の影響を受けて不満を募らせた市民による民主化運動により、インドネシアのスハルト政権が崩壊する。これを受けて、国連の主導下、インドネシアとポルトガルも合意して、東ティモールでその帰属に関する住民投票が行われることになった。1999年8月30日に行われたこの住民投票で、特別自治権を持ってインドネシアに残るという選択肢が圧倒的多数で拒否され、東ティモールの独立が決定的となった。9月4日にこの結果が発表されると、すぐにインドネシア政府は東ティモールに非常事態宣言を発令、国軍を動員し、インドネシア本土から派遣されたと言われる独立に反対する武装勢力と協力して、独立派の東ティモール人に対する虐殺と略奪行為に加担した。インドネシア側のエスカレートする暴力行為に大きな危機感が高まり、大虐殺を危惧した国連は素早く動き、9月15日には安全保障理事会で多国籍軍の派遣を要請する決議を出す。そこからすぐにオーストラリアを中心とする東ティモール国際軍が東ティモールに入り、事態を安定させ、10月には国連平和維持軍に権限が委譲された。ここから東ティモール建国のプロセスが進み、2002年には正式に独立、すぐに191番目の加盟国として国連参加が認められた。

こうして東ティモールの独立に至る過程では、危惧されたような大規模な虐殺行為は未然に防がれ、比較的スムーズに新国家の樹立が達成されたのであった。この展開の中では近隣国で、インドネシアとはしばしば対立することもあるオーストラリアの強いコミットメントが大きな役割を果たした。東ティモール情勢を注視していたオーストラリアのハワード政権は、暴力行為がエスカレートし始めるとすぐにアナン国連事務総長やアメリカのクリントン大統領と連携し、安保理での決議を取り付け、自国の軍を派遣して事態の収拾を図ったのであった。戦略的重要性は少ない東南アジアの小国である東ティモールで、大規模な暴力行為を未然に防げたことは、国際社会が積極的に紛争地域で人権保護を行うという理想が実現した例であり、その後の国際社会の貢献に大きな期待をもたらすものであった。しかし、2001年の同時多発テロで時計の針は大きく戻されることになる。

## 2　21世紀の国際人権

### 9・11テロと対テロ戦争

2001年9月11日、アルカイダのテロリストにハイジャックされた旅客機2機がニューヨークのワールド・トレード・センターに次々に突入、ツインタワーを二つとも壊滅させ周囲の建物にも大きなダメージを与え、2700人余りが死亡した。他にも2機の旅客機が同様にアルカイダのテロリストにハイジャックされ、1機はアメリカ国防省本部の建物であるペンタゴンに突入、もう1機もワシントンDCに向かっていたと見られるが、乗客がハイジャック犯に反撃しその企てを止めたためにペンシルバニア州ピッツバーグの郊外に墜落した。この9・11テロは世界史上の大事件であり、その後、アメリカはジョージ・W・ブッシュ大統領の下で結束を強め、アフガニスタン、イラクでの戦争へと動く。

もともと2000年の大統領選挙で空前の大接戦を最高裁判所の決定によって僅差で制した

ブッシュ大統領であったが、9・11テロ以後はアメリカ国民の対テロナショナリズムの高揚もあって、驚異的な支持率を誇った。国際社会からもテロの被害に対する共感を集め、内外での支持を背景に、報復のためにアルカイダが根を張っていると見られたアフガニスタンを攻撃、続いてイラクにも侵攻する。アフガニスタンへの攻撃は国際的にも正当性を持っていると受け止められたが、イラク戦争にあたっては、大量破壊兵器の存在やアルカイダとのつながりなど、後から不正確であるとわかった情報に基づいてこれを正当化しようとしたことから、アメリカの国際社会での信用の失墜を招いてしまった。

国際人権との関わりでも、アメリカが対テロ戦争(War on Terror)を国是として打ち出し、第二のテロを防ぐために人権を無視してあらゆる手段を尽くしたことで、1990年代後半からの国際人権のさらなる発展に対する期待は大きく裏切られることになった。テロとの戦いという喫緊の課題のために、テロ組織と関連している疑いのある者を世界中で次々に拘束し、拷問も含めてあらゆる手段でテロ関連の情報を集め始めたブッシュ政権は、やがて国際的な批判の的となる。2002年には、キューバの米軍基地にあるグアンタナモ収容所でのテロリストとみなされた収容者に対するジュネーブ条約違反の人権侵害が注目され、2004年には、イラクの捕虜収容所であったアブグレイブ刑務所でのイラク人捕虜に対する虐待と拷問が明るみに出る。さらには拷問のアウトソーシングも行われており、アメリカ国外のブラックサイトと呼ばれる拷問のための場所が、エジプトやヨルダン、モロッコ、シリア、ウズベキスタンなどにあったとされている。

対テロ戦争の中で、これまで認められなかった拷問が容認され、人権侵害を疑われるテロ関連情報収集の方法を司法省が公式に支持したことで、アメリカでの人権理念の基盤が大きく揺り動かされ、ヨーロッパの同盟国などからも激しい批判が浴びせられた。第1章で見たように、身体の尊厳に関する権利は最も早い時期から守られてきた人権であり、市民権・政治権を重視するアメリカでは、拷問や人身保護令などに関する規範はしっかり根付いていたはずであった。しかし、9・11テロの衝撃から全てを対テロ戦争に向けていたアメリカでは、テロの容疑者であれば不当に拘束することが黙認され、水責め尋問(waterboarding)や感覚遮断(sensory deprivation)などの、体に傷を残さない手段を使った拷問が正当化された。カリフォルニア大学バークレー校の法学者でブッシュ政権の司法省にいたジョン・ユー教授が書いた「拷問メモ(torture memos)」は、これらの手法を「強化された尋問技術(enhanced interrogation techniques)」であるとして正当化した。政権内ではコリン・パウエル国務長官などがこの解釈に反対したが、ディック・チェイニー副大統領などがこのメモを根拠に強引な情報収集を進めた。これらの人権侵害はジュネーブ条約にも拷問等禁止条約にも違反する行為であり、国連人権高等弁務官や拷問等禁止条約の監視委員会などから何度も非難と改善勧告を受けたが、ブッシュ政権は明るみに出たケースを例外と扱い、国際社会からの批判をほぼ意に介さず、「強化された尋問技術」の正当化を続けて対テロ戦争を前進させていった。

アブグレイブ刑務所は２００６年までにイラクに返還され、軍法会議で責任者として７人が有罪に処され、一定の結末を見た。一方でグアンタナモ収容所は、その早期閉鎖を約束したオバマ大統領でも収容を終わらせることができず、収容者のハンガーストライキや、アムネスティ・インターナショナルや国連機関など内外からの度重なる抗議や非難にもかかわらず、現在に至るまで数十人が収容され続けている。後にオバマ大統領が「強化された尋問技術」を正当化する法的解釈を取り下げはしたが、アメリカが最も力を入れて守ってきた人権とも言える身体の尊厳に関する権利の侵害を容認したこの解釈と実践は、アメリカの歴史の中で大きな汚点となるとともに、勢いづいていた国際人権の歩みを減速させるものでもあった。

## 移行期の正義と国際刑事裁判所

対テロ戦争が進み、アメリカの人権に対するコミットメントが揺らぎ始めた２００２年７月、国際刑事裁判所(International Criminal Court: ICC)が発足した。1948年のジェノサイド条約で言及があるように、大規模な人権侵害の加害者個人を罰する仕組みは、第二次大戦終結直後から必要なものと考えられてきた。しかし、国家主権の壁の前に、国のリーダーを罰することになる可能性のあるこのような国際裁判所にはなかなか支持が集まらず、50年の歳月を経た1998年にようやくICCの設立に関する国際条約であるローマ規程が採択され、60カ国の批准が済んだ2002年に条約が発効、翌年には世界初の人権侵害の加害者個人を訴追する国際刑事裁判所の活動が正式に始まったのである。

国際刑事裁判所の実現に至るまでには、大規模な人権侵害や暴力的紛争の後にどのような移行期の正義が適切なのかという、今も続く長い議論があった。紛争後の国内の平和と安定を守るという観点からは、人権侵害や暴力行為の加害者を片っ端から処罰していくというのは必ずしも望ましいことではないが、かと言って被害者の立場からすると何の反省もない加害者と同じ社会で共生するのは簡単なことではない。様々な国で様々な移行期の正義の手法が採用されてきたが、大きく分けて、加害者の粛清や訴追、伝統的な紛争解決の方法や儀式、賠償金の支払い、真実と和解の委員会、そして何もしないことなどがある。加害者を一掃し処罰することは、被害者心情に寄り添うものではあるが、その範囲を広げ過ぎると社会の安定が崩れてしまう場合がある。伝統的な紛争解決法は、例えばルワンダで虐殺の後にガチャチャ法廷という地元に根付く裁きの場が使われたように、指揮系統の下の方で加害者になった人の社会復帰には適したものであることが多い。賠償金の支払いは、アメリカ政府が第二次大戦中に強制収容所に入れられた日系アメリカ人に行った例などがあるが、その範囲と適正額の決定には困難が伴う。真実と和解の委員会(Truth and Reconciliation Commission)はアパルトヘイト後の南アフリカで用いられて有名になった方法で、加害者がその罪を洗いざらい告白することで被害者の許しを請う場である。委員会にはしばしば一定の恩赦の権限があり、紛争後の和解に有効であると考えられている。

加害者の訴追は、特に首謀者に対しては必要な措置であると考えられており、国内の裁判所が公正に行えればそれで良いのだが、それが困難な場合に国際裁判所がこれを引き受けることがある。国連安全保障理事会が設置した旧ユーゴスラビアとルワンダでの国際戦犯法廷はその例で、紛争の当時国で裁判が難しい場合や犯罪の規模が大きい場合にこの方式の方が有効でありうる。東ティモールやシエラレオネなどでも国連主導で国際法廷が紛争後の正義を扱うケースが出てきており、そのケースのためだけに作られた特別国際法廷が１９９０年代後半にいくつも見られた。これらの紛争関連の特別国際法廷は、第二次大戦直後のニュルンベルク裁判と東京裁判以来のものであるが、いずれも事後処理的性格が強く(旧ユーゴスラビアを除いて)、恒久的に存在し大規模な人権侵害の加害者を裁く法廷があれば、より予防的な効果も持つのではないかという期待も高まっていた。

こうして1990年代の国際人権発展の流れにうまく乗って作られたのが国際刑事裁判所だが、その設立のためのローマ規程をめぐる交渉では、アメリカが自国の裁判制度と同様の適正な手続きを求めるなど様々な要求を出した。その大部分が取り入れられたにもかかわらず、アメリカはいまだにこれを批准していない。クリントン大統領が退任直前にローマ規程に署名したものの、続いたブッシュ大統領はこの署名を撤回する(unsign)という国際法上ほぼ前例のない行為に出て、露骨に非協力的あるいは敵対的な姿勢を示した(Scheffer 2012)。

それでも、これまでに123カ国がローマ規程を批准しており、すでにのべ16カ国(中央アフリカ共和国は2回)で30のケースについての訴追が行われてきた。国際刑事裁判所の扱う案件は、ジェノサイド、人道に対する罪、戦争犯罪、侵略の罪のいずれかに関わるものであり、その管轄権は締約国の国内で扱うことができない案件に限られ、また締約国の国民によって、あるいは締約国の領土内で行われた犯罪に限られる(締約国でなくても国際刑事裁判所の管轄権を受け入れれば同様の扱いになる)。ただし、国連安全保障理事会の決議があればこの管轄権に関する規定の例外になり、ローマ規程を批准していない国の国民でも訴追されうる。そして、ローマ規程が発効した２００２年以前の罪には一切管轄権を持たないし、それ以後にローマ規程を批准した締約国に関しては、批准するより前に犯された罪には管轄権を持たない。

これらの規定は、アメリカ、中国、ロシアという安保理の常任理事国に有利に作られており、ローマ規程を批准していないこの3カ国に限っては、安保理での決議による訴追を防げるので、その国民が国際刑事裁判所で訴追される可能性は極めて低い。ただしその可能性がゼロでないのは、国際刑事裁判所の管轄権が締約国の領土内で犯された犯罪に及ぶからである。これを防ぐために、アメリカは自国の兵士を派遣する多くの国と二国間で免責協定を結び、国内ではアメリカ軍人保護法を定めて国際刑事裁判所からアメリカ兵を守る規定を作るなど、アメリカ兵士が国際刑事裁判所に引きずり出されないようにするためにあらゆる手を尽くしてきた。ところが２０２０年に国際刑事裁判所のファトゥ・ベンソーダ主任検察官がアフガニスタンでの人権侵害のケースを取り上げようと準備を始め、アメリカ政府はこれに対して強硬に抗議する。もともとは主にタリバンとアフガニスタン政府による犯罪に関する案件であったが、アメリカ軍の犯罪も視野に入れるという方針が聞こえるとトランプ政権が猛反発し、ベンソーダ主任検察官などに対する制裁を決定し、強力な圧力をかけてこれを阻止しようとした。アフガニスタンは2003年にローマ規程を批准しているために、主任検察官の判断で調査を始めることが可能であったのだが、結局この圧力のために、アメリカ軍の犯罪はこのケースの対象から外れる見込みとなっている。

このように、超大国の国民の犯罪は訴追できないという問題を抱えた国際刑事裁判所は、2016年にグルジアのケースが取り上げられるまで、最初の九つの案件がアフリカ諸国のものであったことから、反アフリカ差別があるという批判を受けた。実際には、アフリカ諸国が国内で扱いきれない案件を自発的に国際刑事裁判所に持ち込んできている場合が多かったのだが、国際刑事裁判所が他の地域での人権侵害を調査することに消極的に見えたことは否めないであろう。特に、ローマ規程を批准していないスーダンで、国連安保理による決議を根拠に、オマール・アル・バシール大統領がダルフールでの人道に対する罪などで起訴され、国の現役のリーダーも裁かれうるという状況になって、アフリカの指導者たちは大きな衝撃を受けた。アフリカ諸国の大量の脱退が危惧される時期もあったが、実際には国際刑事裁判所から脱退したのはブルンジだけであり、また、フィリピンやミャンマーとバングラデシュ、ベネズエラ、パレスチナなどの多様な地域の案件が取り上げられるようになり、一応、状況は収まっている。他にも、例えばウガンダで反政府民兵を率いるジョセフ・コニーのように、国際刑事裁判所で過去の人道に対する罪について処罰されることを恐れて、平和交渉に出てこなくなるという弊害もあると言われる。こうした問題はあるが、国際刑事裁判所の予防能力に関する判断は、より長期的な視点でなされなければならないだろう。

## 21世紀の大規模人権侵害と保護する責任

21世紀に入って最初のジェノサイドと言われたのが、2004年以降、アラブ系の民兵による非アラブ系住民に対する大規模な殺戮が行われたスーダンのダルフールでのケースであった。他のケースと比べてゆっくりと進行する殺戮で、NGOなどが様々なキャンペーンで介入を訴え、2008年の北京オリンピックの前には、スーダンと関係の深い中国に何らかの対応を求めて、スティーブン・スピルバーグ監督がオリンピック組織委員会芸術顧問の座を降りるなど、スーダンへの圧力は強まった。しかし、対テロ戦争に腐心していたアメリカ、スーダン政府と関係が深かった中国とロシアなど、大国が重い腰を上げず、結局、安保理決議によってこのケースが国際刑事裁判所に負託された以外は有効な対応策は取られず、30万人とも40万人とも言われる数の犠牲者を出した。

一方で2011年のリビアでは、国連の安保理決議を経た軍事介入が大規模な殺戮を防いだ。

アラブの春の一翼を担った反政府運動に追い詰められたカダフィ大佐だが、その後、反政府勢力に対して反撃攻勢を強め、その最後の砦であったベンガジに総攻撃を加えて壊滅させる直前にまで至る。国連による介入はないと読んでいたカダフィ大佐は事前に総攻撃を宣言して挑発するのだが、ここでフランスやアメリカを中心とするNATOによる空爆が行われ、戦闘の流れは急展開し、最終的には反政府勢力が勝利を収め、カダフィ大佐は殺害される。この時のNATOの空爆は、国連安保理の決議による承認を得て行われた国際法的にも合法的なものであった。ロシアも中国も棄権はしたものの、拒否権の発動は見送ったのだが、特にロシアは空爆が限定的なものになるという理解でいたのに、継続的に反政府勢力を支持する形で行われたことに大きな不満を持ち、それ以後のシリア情勢などでは介入に徹底的に反対することになる。

そのシリアでは、反政府勢力に対抗するためにアサド大統領が自国民に化学兵器を使うなど、あらゆる手段を使って権力を掌握し続けている。また、ミャンマーではロヒンギャに対する民族浄化が非難されていたが、そこに今度は国軍が民主的に行われた選挙の結果を覆して政権を掌握し、民主主義への歩みが完全に止められた。いずれも国際社会は注目し、国連でも何らかの行動を取ろうと考える国は多いが、安全保障理事会で拒否権を持つ中国とロシアの存在が介入を防いでいる。同じく拒否権を持つアメリカも、イスラエルのパレスチナ自治区での入植活動などの問題に関して、国際社会の批判にもかかわらず、イスラエルの側に立って問題の解決を難しくしてきた。

また、規範の面で21世紀に入っての大きな成果の一つは、2005年に国連で採択された「保護する責任（Responsibility to Protect）」という概念である。そこでは、ジェノサイドや人道に対する罪から人々を守る責任は、まず第一に当該国家にある、そして、その国家がその責任を果たさない、あるいは果たせない場合は、国際社会がその責任の履行の手助けをする責任がある、最後に、それでも事態が改善しない場合は、国際社会が介入してでも（軍事介入は最後の手段として）人々を守る責任を負う、という三つの原則が確認された。RtoP と呼ばれるこのアプローチは、旧ユーゴスラビアやルワンダなどで国際社会の介入が遅れたことへの反省から、再びそのような災禍が起こるのを防ぐことが大きな目的であり、さらにそれまでの人道的介入の恣意性、特にアメリカがイラク戦争で見せたような、介入を正当化するために人道主義を道具として使うようなやり方に対するアンチテーゼでもあった。国際社会が大国主導の下で国家の主権を乗り越えて人道的介入をする権利があるのかどうかという、国際社会および他国の権利の議論から、困難な状況に置かれている人々を助ける責任が存在し、それはまず最初に国家の責任、そしてそれができなければ国際社会が国家の主権を乗り越えてまでも果たすべき責任である、という責任の問題に議論が移ったのである。この規範に法的効力があるかどうかは微妙だが、すでにリビアや中央アフリカ共和国に関する安保理の決議などで保護する責任が発動されたと理解されており、この規範に基づいたさらなる人権保護の取り組みが期待されている(Genser and Cotler 2012)。

ここまでは、ジェノサイドなどの大規模で国際社会の注目を集める人権侵害の阻止・予防に関して、国際人権システムがどの程度の効力を持つのかを検証してきた。コソボや東ティモール、リビアなど一定の成果を収めたケースもあるし、国際刑事裁判所の営みや「保護する責任」の発展はこれから大国や独裁者の強権的な行動に対する抑止力を持つかもしれない。普遍的人権理念を制度化し、内政干渉によるその実現を可能にした国際人権システムは、大きな人権侵害を未然に止めたり、状況を改善したりする可能性を十分持ち合わせている。しかし、多くの場合、有効な行動が国連安保理の決議を通してしか行われ得ず、そこで拒否権の壁にぶつかるために、実際には国際政治の現実が人権理念の実現を困難にしている。この国連安保理の構造が変わらない限り、国際社会が直面する大規模な人権侵害の問題は、安保理常任理事国がたまたま拒否権を使わない状況がない限りは、解決が難しい。中国とロシアの存在感が高まり、一方でアメリカが内向きになり孤立主義的な外交に走るとすれば、この傾向はますます強まるであろう。

## 3　人権実践の漸進的な向上

### 小規模な人権状況の改善

ここまでの議論を見ると、大規模な人権侵害を止められない国際人権システムにどの程度の意味があるのか疑問に思う読者も多いであろう。しかし、国際人権システムがより効力を発揮するのは、このような紛争に根ざした、世界中のメディアを賑わす短期間で大規模に広がる人権侵害に対してではなく、日常に根ざした、長期間にわたって制度化された人権侵害を、時間はかかっても徐々に改善していくことである。アパルトヘイトや南米での強制失踪など、早い時期から、NGOを中心に国際的な連帯を有する社会運動が国際人権規範や機構を巧みに援用して、人権状況の改善を成し遂げてきた。近年では例えば、バングラデシュで児童労働を禁止する法律が制定され、最も危険な分野での児童労働がかなり減ったこと、サウジアラビアで女性が参政権を得て初めて選挙で投票したこと、モルジブで独裁政権を民主的に選挙で破ったナシード大統領が、クーデターで亡命を余儀なくされたが後に帰国して政治家として復権したことなど、国際人権機構とNGOが不断の努力で国家に圧力をかけてきたことの成果が見られてきた。これらの比較的広く知られたケースに加えて、もっと目立たない形で、長い時間をかけて、先住民族の土地や文化に対する権利、男女の同一労働に対する賃金の平等、宗教的マイノリティーの礼拝の権利、人身売買の禁止、性的マイノリティーの家庭を持つ権利、スウェットショップと呼ばれる劣悪な労働条件の撤廃など、多くの分野で関連の国際人権条約や機構を通しての改善が実現されてきた。

この過程で、人権条約の監視委員会による報告書審査が有効でありうることは前章でも触れた。報告書審査のプロセスは数年おきに繰り返され、毎回対象となる政府に次回までの改善勧告が出されることから、政府としては次回までにどう状況を改善したかを報告するために国内で何らかの措置を講ずることが必要となる。もちろん全ての国家が忠実に勧告を実行するわけではないが、近年では勧告の実行状況が特に良い国は表彰されるなどしており、例えば2019年にはブルキナファソが人身売買と児童労働に対する啓発活動で、アルゼンチンが中絶で罰せられた女性の解放により、デンマークがドメスティック・バイオレンスに関する取り組みで、モロッコが拷問禁止法を採択したことで、スウェーデンが人種差別とヘイトクライムを防ぐ努力で、それぞれ表彰されている(OHCHR 2019)。

この人権実践の定期的な審査の有効性を認識し、２００６年に国連人権委員会が国連人権理事会として格上げされた時に、普遍的・定期的レビュー(Universal Periodic Review)が制度化された。これによって、全ての国連加盟国が4年ごとに包括的な人権状況の審査を受けることを義務付けられ、人権条約の批准状況に関係なく、例えば子どもの権利条約を批准していないアメリカに対しても子どもの権利に関わる審査ができるし、市民的・政治的権利規約を批准していない中国の政治的権利の状況も検討可能であるという画期的な仕組みが動き出した。各国が他の国の政府代表にあらゆる点で人権に関しての質問をできるこの審査システムでは、キューバ代表がアメリカに国民皆医療の制度を採択するよう促すなどの、興味深い国家間のやり取りが見られる。

全ての国が2巡目のレビューを終えた時点での調査では、レビューから3年以内に、各国が受ける全ての勧告のうちの半分が、少なくとも部分的に実現したと評価されている。フィジーで死刑制度が廃止されたり、コートジボワールで人権活動家を守る法が施行されたり、セイシェルとナウルで同性愛禁止が撤廃されたり、中国で死刑になりうる犯罪の数が減らされたりと、様々な具体的な成果が挙げられてきた(Hegarty and Fridlund 2016)。

これらの国連レベルでの取り組みに加えて、地域人権機構も、特にヨーロッパで欧州人権裁判所が参加国の最高裁判所も超えるような権限を持って、人権関連の案件で大きな影響力を発揮している。また、世界銀行や国際通貨基金も人権関連の情報を収集し、出資の条件に取り入れており、二国間・多国間の国際貿易協定にも、特にヨーロッパとアメリカが関係する場合には、人権・労働環境・ガバナンス関連の付帯条項が組み込まれ、発展途上国は人権の向上を目指さなければ経済的な損失を被るような仕組みも存在する(Hafner-Burton 2009)。

## 人権関連のデータと国際人権の本当の実力

このような国際人権システムの国内での有効性に関しては、本章のはじめで触れたように、数値化された各国の年度別の人権状況のデータを使った国際比較の蓄積がある。これらのデータ分析では、必ずしも国際人権システムの発展が人権の実践の向上につながってはいないという結果も出てきている。しかし、この否定的評価に対しては、いくつかの点で重要な問題がある。

まず第一に、これらの研究で使われるデータに内在する問題、例えば数値化の根拠となるアムネスティや米国国務省の年次報告書が、近年になればなるほど精度を高め、より人権侵害を検知しやすくなってきている問題がある。すなわち人権の実践が70年代より現在の方が良い国でも、現在の方が報告書に向けてのデータ収集の能力が上がっているために、より多くの人権侵害が報告されやすく、数値化すれば現在の方が悪いという結果になってしまう場合があるのである。この情報制度のパラドックスでよく取り上げられるのはスウェーデンでの性暴力である。報告された件数だけ見ると、スウェーデンが世界で最も女性が性暴力に遭いやすい国に見えるのだが、それは実はスウェーデンでは性暴力被害を訴えるシステムが整備されており、また夫婦間にも性暴力を認定しているなど、性暴力を防ぐためのシステムが非常に進んでいるためなのである。人権侵害に関する情報がより早く正確に把握されることは人権の向上のためには望ましいことで、アムネスティなどもまさにそのために活動を深めてきたのであるが、社会科学的研究のためには、情報の精度が変わることで通時的なデータ比較が難しくなってしまうのである。近年のより精緻な統計データと進んだ方法論を使った研究で、例えば情報収集能力の向上を考慮したデータ分析をすることで、実は人権の実践は向上してきたのだということを統計的に示す研究もある(Fariss 2014)。

次に、一体何を基準に実践の向上というのかという問題がある。数値化の過程で、例えば拷問に関する評価が10段階で行われるとして、その評価の中で0・5ポイントの向上が見られたとすれば、それは大した変化とは評価されないかもしれない。しかし、実際にその国に暮らす人にとっては、拷問のケースが何百か減っただけでも、それだけの数の人が人生が変わるような人権侵害を免れたのである。また、CIRI人権データプロジェクトという有名な人権データが示す、国家による法の枠外での殺人に関する指標は、その数が200から80に減っても、全く変わらないし、グアテマラで国家による強制失踪と殺人の数が17000から350に減っても、このプロジェクトの指標はほぼ変わらなかったという(Sikkink 2017)。数値化の過程で必然的にこのような情報のロスは起こるのだが、これだけの改善があっても数値上の評価が変わらないのであれば、統計データで人権の改善が見られないという結論が出やすいのも理解できる。

また、身体の尊厳に関する権利は上記の年次報告書で早くから着目されていた権利であったため、他の人権分野より比較的データが取りやすいのだが、そのデータだけで国際人権全般について判断するのは正確ではない。一部の身体の尊厳に関する権利や、難民・移民の権利、経済的権利などでは確かに実践の進歩は滞っているかもしれないが、女性の権利や子どもの権利、マイノリティーの権利などの分野では、人権条約は人権の実践の向上に大きく貢献してきた。にもかかわらず、こうした分野の人権の実践は比較的通時的な統計データが取りにくいため、その向上は数値として出にくくなっている。

さらに、筆者の共同研究でも明らかにされたことだが、人権条約そのものが批准されただけですぐにその国の人権実践を変えることは少ないが、市民社会や国際人権ＮＧＯが国家に対して批准した条約条項を守るように訴えかける力がある場合は、その国での人権状況は向上する傾向にある(Hafner-Burton and Tsutsui 2005; Simmons 2009)。そして何よりも、人権理念の広がりは、あらゆる国で虐げられた人々に現状変更のために立ち上がる力を与えてくれるのである。このような国際人権の規範的な影響力、それが社会運動に与える力などは、人権条約と限定された分野の人権実践のデータとの相関関係を見るだけでは見えてこない。

国際人権の本当の影響力は、人々の人権に対する考え方を変えるこの力にある。普遍的人権の理念が国際社会で正当性を持つ規範であることが重要で、その限りにおいて人権規範が世界中に広まることで、それまで自分たちの置かれてきた不平等な状況や周りに当然のようにあった不正義に対して、これはおかしいと思って立ち上がり状況を変えようとする力を生み出すこと、これが国際人権の最大の影響力である。このように社会運動に際しての行為主体の考え方そのもの(movement actorhood)を変えることで、多くの人種的・民族的・宗教的・経済的・性的に弱い立場に置かれてきた人々が立ち上がって人権運動を展開し、短期的には衝突が増えるとしても、長期的には運動の結果によって人権の実践は向上することがある(Tsutsui 2018)。

さらに、こうした人権運動にとって、国際人権機構がもたらす政治的機会は決定的に重要である。国連人権理事会や主要な条約の監視機関などは、社会運動の側が政府から抑圧されたり無視されていても、国際社会に直接訴え、外から政府への人権状況改善の圧力をかけられる政治的機会を得ることのできる場であり、これを利用して多くの社会運動が人権状況の改善を達成してきた。多くの国家が、国際人権機構による名指しでの批判(naming and shaming)には敏感であり、そうした批判を受けた場合、汚名を払拭しようと人権状況を改善することが多い。

また、人的・金銭的・知的な運動資源も国際人権NGOなどからもたらされて、各国での人権運動の後押しをしてきた。国際人権機構の政治的機会は小国の小さな運動にとっては遠すぎる存在である場合も多いが、人権NGOがその地域に職員を送って運動の手助けをし、旅費を提供して国連の場へ招待し、国際社会で受け入れられやすい言葉で運動を訴える、という過程を経て国際舞台にも参加できるようになり、そこからその国の政府への質問・調査に発展し、そのプレッシャーから人権状況が改善されるということも多くある。

結局のところ、国際人権の一番の強みは人権実践の長い期間にわたっての漸進的向上であろう。これは人権侵害の被害者にとってはしばしば遅すぎる結果であり、より機動的に動いて早く結果を残せる人権機構の確立が望ましいのだが、国際人権の理念を、その地域の状況を理解せずに早急に実現させようとするのは、必ずしも良い結果を生まないこともある。それは、国際人権規範がしばしば先進国の価値観に基づいており、発展途上国にこれを外から押し付けて現状変更をしようとすると、しばしばバックラッシュが起こるからである。

## フィーメル・ジェニタル・ミューティレーション(FGM)と児童労働

このような外からの押し付けがうまくいかないことの好例の一つがフィーメル・ジェニタル・ミューティレーション(FGM)である。成人の通過儀礼として女性器の一部を切除することの慣習は、アフリカや中東諸国で広く見られてきたが、野蛮な行為として植民地時代から欧米人の批判の対象とされた。例えば、植民地時代のイギリス人がケニアでFGM撤廃を訴えたが、現地の文化を野蛮で遅れたものと見る差別的な視点からの押し付けと受け取められ、大きな反発を招き、ケニアのナショナリズムに油を注いで結果的に独立運動にもつながったとされる。1970年代にはアメリカのフェミニストが同様のトーンでFGM撤廃を訴えたが、イスラム教やアフリカ文化を根本から否定するような議論の仕方は新帝国主義だとして、地元でFGM撤廃運動をしていた女性運動家からも批判され、この運動は成功しなかった。これを受けて、FGM運動の側も文化的な慣習として批判するのをやめて、健康に関わる問題としてFGMを捉える議論に切り替えた。これは文化的批判よりは受け入れられやすいものであったが、この慣習を撤廃に追い込むほどの注目は集めず、プライベートな問題で外から口を出すようなことではないという理解の方が強かった。

この運動がより発展したのは１９９０年代半ば以降、特にＣＮＮのレポートで注目され、女性に対する暴力という人権問題として扱われるようになってからであった。人権問題に関しての国境の壁を越えての批判や行動が正当化され、特に旧ユーゴスラビアやルワンダの紛争での性暴力が問題として取り上げられ、女性に対する暴力が大きな注目を集めたこの時期、ＦＧＭも個人のプライベートな問題であったとしても無視できない人権問題としてクローズアップされたのであった。１９９６年にはアメリカ議会でＦＧＭを禁止し、ＦＧＭ撤廃のための努力を行わない国にはアメリカと国際金融機関からの融資を止める反ＦＧＭ法が制定され、ＦＧＭ撤廃への動きは大きく加速する。今日までにすでに、ＦＧＭの習慣が広く見られるアフリカや中東の国々のほぼ全てで、これを禁止する法律が制定されるまでに至った(Shannon 2012)。

ただし、法律的に禁止されていても、実際にその法律が運用されてＦＧＭが根絶されるかどうかはまた別の問題である。地域共同体において長く続く伝統と理解されているこの慣習を廃止するには、当事者である地域住民の説得が欠かせず、そのためには例えば、ＦＧＭを行わない女性が結婚に際して不利益を被るなどの実害が出ないように考慮することが求められた。このＦＧＭ撤廃の現場での実現に向けた努力の中で、モデルとされたのが一世紀程遡った中国での纏足《てんそく》撤廃運動であった。纏足もＦＧＭ同様、社会で作られた女性の理想像に合わせるために行われていた慣習であり、親や家族はその女性のためになると信じて、特に結婚に際して不利にならないように、この慣習を続けてきたのであった。このような慣習を撤廃するためには、社会全体がこの慣習の撤廃を継続的に支持しなければならず、そのためには共同体内での対話によって多くの人を撤廃派に引き込む必要があった。纏足撤廃運動の場合は、運動を主導したイギリスの宣教師たちが、纏足に反対する女性だけでなく、地域共同体で影響力のある知識人に海外の情報を伝えて纏足の不要性を説き、そこから多くの賛同者を募って国民的運動に広げ、最終的には纏足の撤廃につなげたのであった。この運動を参考に、トスタンという名前のＮＧＯがセネガルなどで、ＦＧＭ撤廃のために同様のキャンペーンを実施している。トスタンも最初は何人かのＦＧＭ反対派の地元の女性たちとともに、人権問題として声高にＦＧＭ撤廃を訴えたのだが、これはむしろ反発を買ってしまい、地元住民全体を味方につけるような根回しの啓発努力が必要だという認識に至る。こうして、時間をかけて住民全体に、ＦＧＭを撤廃し、代わりに新たな女性のための成人の儀式を行うことが、地域の女性にとって健康面でも生活面でも最も良い選択であることを地道に説くキャンペーンが始まった。こうして現地の住民に寄り添う運動形態で、地域の住民の多くから賛同を得ることで、FGMの実際の撤廃の流れができ、セネガルなどトスタンがキャンペーンを行った国ではFGMの実施が大幅に減るという成果が出ている(Appiah 2010)。

バングラデシュでの児童労働撤廃に向けての運動も、地元の地域共同体との協働の重要性を示唆する例である。児童労働の問題は1980年代後半からアメリカなどで注目を集めるようになり、バングラデシュの尼僧だったロザリーン・コスタが、安い輸入品の流入を阻止したいアメリカの労働運動家たちと連帯して、バングラデシュ国内で運動を起こした。この運動はしかし、外発的なものと捉えられ、また繊維産業が最大の収入源であり、そこで子どもたちを働かせなければ成り立たないバングラデシュ経済の事情とも噛み合わず、支持を集められずに停滞する。これを受けて、アイオワ州選出のトム・ハーキン上院議員が1992年に児童労働根絶を目指して、児童労働を使って作られた輸入品を差し止める制裁措置を提案する。この提案があっただけで、バングラデシュの繊維産業では児童労働者の大幅な解雇が始まった。しかし、3万人とも4万人とも言われる解雇された児童労働者の多くがその後、学校に通い出した様子はなく、むしろより危険な産業に移ることを余儀なくされ、逆効果であったとされた。

ハーキンの提案は国際労働機関（ＩＬＯ）の就業の最低年齢に関する条約（ILO Convention 138: １９７３年）にも則ったものであったが、ハーキンやアメリカの運動家は、バングラデシュの学校が子どもたちにとって望ましい環境ではなく、子どもたちは工場を離れても他に行く場所がないという現地の事情を知らずに、先進国の論理で無理やり児童労働を撤廃しようとしたと批判された。これを受けて、ハーキンやアメリカのＮＧＯは工場を離れる子どもたちを保護し教育を受けさせることの必要性を認め、バングラデシュの繊維産業と経済の発展も目指すことで合意した。こうして、工場を離れた子どもたちも幾ばくかの生活費をもらいながら教育を受けるようになり、バングラデシュの繊維産業における児童労働の割合は、１９９５年から２００１年の間に43％から５％に減少した。地元の経済的・社会的事情を知らずに先進国の論理で児童労働を一律に禁止するというやり方の失敗が明らかになり、その後、児童労働に関する国際的努力は、子どもが危険な労働に従事することを禁止する方向に議論が移り、ＩＬＯも最悪の形態の児童労働に関する条約（ILO Convention 182: １９９９年）を採択して対応した（Hertel 2006）。

この二つの例に見られるように、先進国が自分たちの考える国際人権の基準を、他国の事情を無視して押し付けることは、新たな帝国主義として反発を招く可能性が高く、むしろ逆効果である場合も多い。地元の社会をよく知り、住民に寄り添って人権状況の改善を実現していくことが望ましいという理解が人権運動家の間でも広がってきており、今後の国際人権活動は、こうした理解が文化相対主義に陥る危険性とも向き合いながら、ローカルなレベルで地道な努力を続けていくことが必要になってくるであろう。

## 忘れられた経済的権利と企業の人権問題

このように地域共同体の実情に合わせて人権状況の改善を図ろうとする時、特に発展途上国の人権問題の場合、その経済状況を無視しての問題解決はあり得ない。この理解の下に、国連を挙げてのミレニアム・デベロップメント・ゴールズ(MDGs：2000年から2015年)とそれを発展的に継続したサステイナブル・デベロップメント・ゴールズ(SDGs：2015年から2030年)などの努力で、持続可能な経済発展の目標が提示されている。MDGsもSDGsも第一の目標は貧困の解消であり、MDGsでは1日1ドル未満、SDGsでは1日1・25ドル未満で生活する人々が該当するとされる、極度の貧困を根絶しようという具体的な指標が掲げられている。

このように、経済的な底を設定して全ての人々をこれより上に押し上げるという考え方が経済発展の分野では中心的であった。これに対して、天井を設定せず格差は減らなくても良いという経済権の考え方は、人権思想が経済的新自由主義と表裏一体であることの証左であるという批判もある。すなわち、資本主義的な市場原理を推し進め、個人を原子化して共同体から引き離し、個人に人権を付与する代わりに経済的な自己責任も負わせて、成功する者はいくらでも富を蓄えられ、一方で、困窮する者に手を差し伸べるのは、社会の責任ではなく慈善の精神によるとする考え方である(Moyn 2018)。ＳＤＧｓでは各国内、各国間での不平等の是正も目標に掲げられているが、国連をはじめ多くの国の福祉政策で、極端な貧困をなくすという考え方が主流になり、一番上の1％の富裕層に対する租税を強化して格差を減らすという考え方が中心的でなかったのは事実であろう。国際人権が市民的・政治的権利に軸足を置き、経済的権利と格差の問題を漸進的目標として後回しにしてきたことは、国際人権全般に対するアメリカの影響力の証左とも言えるかもしれず、この格差の問題は現在、その本丸であるアメリカ社会を苦しめているのである。

経済に関する人権問題は、企業の社会的責任（ＣＳＲ）の議論とも重なり、この数十年の間に、それまでは国際人権の議論とはほとんど無縁だった企業の人権侵害への共犯性の問題に対する関心の高まりへとつながってきた。企業が利潤を追求して倫理を失い、労働者を蔑ろにして社会への貢献を怠っているというような、国内レベルでの批判はそれほど新しいことではない。

しかし、現在の企業に対する批判はこうした枠を超えていて、世界のトップ100の経済体のリストを見るとその半分ほどは国家で、後の半分は大企業であるという現実を踏まえて、営利企業も人権問題に応分の責任を負うべきであるという議論に根差している。この文脈では、ミルトン・フリードマンの有名な「企業の社会的責任は利益を増やすことにある」という言葉が、企業の人権に対する無関心さを象徴するものとしてしばしば取り上げられる。彼のこの発言自体は、ややコンテクストを外れて取り上げられているきらいはあるが、1980年代までの企業社会では、人権を守る、特に遠い国の工場で起こっている人権侵害に関して、欧米に本社のある大企業のトップが責任を負うという考え方はかなり突拍子もないものと捉えられていた。

アパルトヘイト下の南アフリカと取り引きをする企業から投資を引き揚げるダイベストメントの運動などは以前にもあったが、企業が海外での人権侵害に直接責任を負うという考え方は1990年代以降のスウェットショップ労働と呼ばれる劣悪な労働環境が問題になってから本格化した。1990年代初頭に、ナイキのインドネシア工場などでの劣悪な労働条件に関する報道がメディアを賑わし始め、企業がサプライチェーンでの人権侵害に関する責任を追及され始める。最初は責任を否定していたナイキも次第に状況改善に動かざるを得なくなり、さらに1996年にキャシー・リー・ギフォード（Kathy Lee Gifford）という有名なテレビタレントの名前をつけたアパレルブランドでも同様のスウェットショップ労働が報道され、本人がテレビで謝罪を余儀なくされるなど大きな関心を集める。こうした流れの中で、1996年クリントン大統領がスウェットショップ労働の問題に関するタスクフォースを結成、それが発展して1996年にアパレル業界連合(Apparel Industry Partnership)、さらに1999年には公正労働協会(Fair Labor Association)というNGOとなった。このNGOはスウェットショップ労働に関する現地調査も含めて、サプライチェーンでの労働問題を防ぐための枠組みを作り、ナイキなどもこれと協力して、自社製品のサプライチェーンでの人権侵害を減らす努力を続けている。さらに、2000年には大学キャンパスでの大学グッズの生産におけるスウェットショップ労働を禁止するために、より厳しい労働基準の実現を目指して、労働者の権利のための共同団体(Workers Rights Consortium)が結成された。

こうした1990年代後半からの企業の責任を問う流れが、国連のグローバルコンパクト(Global Compact: 1999年)や、責任ある経営教育原則(Principles for Responsible Management Education: 2007年)、ビジネスと人権に関する行動計画(Guiding Principles on Business and Human Rights: 2011年)などの枠組み作りにつながった。企業を法的に拘束するような枠組みを国連レベルで作ることは難しいと考えられていたが、人権に配慮した経営を企業に求め、経営者の人権意識を高めるための国際的な努力は続けられ、1997年に設立されたグローバル・レポーティング・イニシアティブの現在のレポーティング・スキームであるGRIスタンダーズや、ソーシャル・アカウンタビリティー・インターナショナルのSA8000(1997年)、国際標準化機構のISO26000(2010年)などの企業向けの人権関連の報告書や認証システムも現れ、多くの企業に採択されるようになった。産業別の認証システムも様々な分野で現れ、ダイヤモンド業界のキンバリープロセス(2003年)、電気製品業界の責任ある企業連合(2004年に電気製品業界行動指針として発足)、コーヒーや茶など農業関係のフェアトレード・インターナショナル(1997年)などがそれぞれの産業における原材料調達先での人権・労働条件を守る仕組みを作っている。

さらに国連の責任ある経営教育原則をもとに、世界中のビジネススクールでの啓発活動も広く行われ、人権関連のリスク管理も教えられるようになる。2012年にアップル社の人気製品iPhoneやiPadの製造過程で、労働条件の劣悪なフォックスコンの中国工場製の部品が使われている問題が明るみに出たり、2013年に欧米の多くの巨大アパレル企業が発注するバングラデシュのラナ・プラザ工場が崩壊し、劣悪な環境で働かされていた労働者2千人以上が犠牲になる事故が起こるなどして、サプライチェーンでの人権侵害に関する多国籍企業の責任がさらに注目される。こうした流れが、証券取引所での人権情報開示の義務化、ESG（環境・社会・ガバナンス関連）投資の活発化、様々なCSRランキングの発表などの動きを加速し、2010年代以降は欧米諸国やEUでの法制度の整備にもつながった。

世界的アパレルブランドの下請け工場が入居していた，バングラデシュの首都近郊の商業施設「ラナ・プラザ」の崩壊現場．ファストファッション業界史上最悪の事故（© 写真：ロイター／アフロ）．

日本でもようやく2016年になって企業の人権に関する取り組みの指針が発表され、政府による奨励が進んだが、2021年1月のユニクロ製品のアメリカへの輸入禁止措置などで初めて企業に大きな衝撃が走ったところである。先進国での消費者意識の高まり、SNSなどを通じて労働者や運動家の側からの告発が容易になったこと、各国の証券取引所やNGOなどによるCSR・人権マネージメント評価の深化とモニタリングの徹底、欧米での輸入禁止措置も含む法整備などの結果、現在では人権デューディリジェンスは日本の企業も避けて通れないものになってきた。

このプロセスでも、前章で見た国家と国際人権の関係と似た、空虚な約束のパラドックスが起こっていた。１９９０年代から２０００年代にかけては、企業の側も外からの圧力に応える形で、人権へのコミットメントをリップサービスとして語っていた側面が大きい。ナイキのフィル・ナイト社長は最初はスウェットショップの存在を否定したり、責任を逃れようとしていたが、執拗な追及にその存在と責任を認めざるを得ず、数年以内には今度は先頭に立って問題解決に向かう姿勢を示し出した。企業のイメージを守るためには、そのような行動が不可欠であったからだ。当初、実際のコミットメントがどの程度のものであったかには疑問もあるが、一旦このようなコミットメントを行うとそこから後戻りするのは難しく、その流れで人権関連のモニタリング、啓発活動、予防措置などが進み、ナイキなどの大手企業がこうした措置を実施することで、他の企業もリスク回避のために同様の措置を行い、それが集積して、企業の人権に対する責任という当初は突飛とも思われた考え方が、国際社会の常識として定着したのだ。そしてこの過程でも、ＮＧＯなど市民社会からの不断の圧力が大きな役割を果したのは国家と人権条約の歴史と同様である。

## 国際人権システムの功罪

国際人権の黄金時代を期待された冷戦後の世界は、旧ユーゴスラビアとルワンダでの失敗に苦しみながらも、コソボや東ティモールで一定の成果を上げ、また国際人権機関が機能し始めるとともに、様々なより小規模な人権状況の改善が徐々にではあるが進行してきた。9・11テロで大きな後退を経験しながらも、国際人権システムの進化は続き、国際刑事裁判所や国連人権理事会のレビューメカニズム、企業の人権侵害を監視するような体制も作られていった。ここでは全て紹介していないが、国連人権理事会では様々な問題に関して特別報告官や作業部会が作られて調査や勧告が出されているし、国連人権高等弁務官の地位も向上し、その人権関連の発言は国際社会を代表する声として広く影響力を持つようになった。このような発展の中で、国際人権条約や機構の数が増え過ぎ、参加国に対する負担が多すぎるのではないかという批判もある。実際に九つの条約の監視機関全てに何年かおきに報告書を提出し、国際人権理事会でも4年ごとにレビューを受け、1993年のパリ原則で求められることになった国内人権機構の設立を果たし、さらに特別報告官や作業部会、人権高等弁務官、地域の国際人権機構、大きな国際人権NGOなどの全てに対応するには、かなりの人員・予算・時間が国家の側に求められる。

しかし、人権条約や機構が増え過ぎたという批判を盛んに行う国家は主に中国やロシアなど国際人権に否定的な国々であり、実際には何層にもわたるチェック機能があることで、国家にとっては負担が重くても、実践の向上には役に立つ場合も多いことは事実である。この議論を支持する具体例を、パキスタンで死刑廃絶運動をするＮＧＯの運動家が語っている(Tsutsui 2018)。パキスタンはまず、ＥＵとの貿易協定の条件を満たすためにいくつもの人権条約を批准することになり、その定期的審査のために報告書を提出しその審査を受ける中で、複数の条約監視機関で次々に死刑の執行数の多さを批判された。最初の監視委員会では、度重なる委員による質問に色をなして席を立ったパキスタン代表であったが、それが二つ三つと続く中で、最終的には次の監視委員会で次回の報告書審査までに死刑の執行数を減らすことを約束せざるを得なかった。そして、実際にその翌年のパキスタンでの死刑の執行数は大幅に減少したのであった。これは、もし人権条約が集約されて一つか二つしかなければ、実現しなかった実践の改善であろう。

また、もう一つのよくある批判が、条約の条項が厳密に規定されておらず、さらに罰則がほぼないために実効性が伴わないということである。確かに、法的拘束力があるとはいえ、国連の人権条約には罰則規定がなく、条約に違反した国家に対して批判を浴びせる以外に有効な対抗措置がない。このことは、例えばヨーロッパの人権条約が人権裁判所による実行措置を伴っているために、強力な実効性を持つことと比べてもその差は明らかである。このために国際人権システムは人権の実践に大きな影響を及ぼすことができず、そもそも根本的には国家の主権を大きく侵害しないように作られているので、言説上は耳に心地良いことを言っても、実際に本当に重要な問題で効力を持つことはないと批判される(Posner 2014)。

この批判にはもっともな点もあるのだが、こうした国際人権の効力否定派の議論は、とても実現不可能な理想を基準として人権条約や機関の効力を評価しており、その評価は必然的に厳しいものにならざるを得ない。国際人権システムに世界中の人権問題を全て解決しろというのはそもそも無理難題であり、必要なのは、どういった場面でどのような対策を取れば、人権問題に対して有効なのかを見極め、その認識をもとに国際法や制度の整備をしていくことである。現実に即した実現可能性を考慮した評価基準を使えば、実際には様々な実践の向上が見られたことが明らかになる。さらに言えば、人権条約などが存在しなかった場合に人権実践がどうなっていたかを考えると、少なくとも、もっとひどかったであろう人権状況を国際人権システムが防いできたことは間違いないであろう。しかし、このような仮説は検証が難しい。効力否定派はもし理想を基準とした分析を続けたいのであれば、その理想を実現するための具体的な対案を出すべきであろう(Sikkink 2017)。

もちろん、国際人権システムを支持する立場の研究者も指摘するような大きな問題点はいくつもある。例えば、国際人権機構が地域の文化や規範などを無視して上から押し付ける形で実践を変えようとすることで反発を買い、現場で対象地域の住民の支持が得られないために状況の改善が難しくなるという批判がある。こうした批判の中には、欧米のエリート層が人権理念を世俗宗教に祭り上げ、民主的なガバナンスのメカニズムも担保されていない国際機関を使って、自分たちの利益や自己満足を優先して国際人権活動を進めているという、より厳しい見方もある(Hopgood 2013)。この批判に対しては、上述のトスタンというNGOの例のように、ローカルなレベルでの対話を重視した地道な人権活動を行い、国際機関の活動においては多様な視点を取り入れた運営を行っていくことで応えるべきであろう。すでに現在の国際人権活動の中では、各国・社会に固有の歴史的・制度的・文化的事情を考慮しながら、その社会への適合・文化への土着化(vernacularization)を果たすことで、普遍的な人権理念を現実のものにしていこうという方向性が強まっている(Merry 2006)。

また、国連人権規約の採択の頃から問題であった市民的・政治的権利と経済的・社会的・文化的権利の分断と、その後の西側諸国主導の国際人権の発展に由来する市民的・政治的権利の優位性は、経済格差の拡大という大きな課題を残した。中国やインドの経済成長により、国家間の経済格差は数字上かなり減少したとされるが、グローバル・サウスと呼ばれる発展途上国の経済的不利は、例えば2020年のパンデミック以降の新型コロナウイルス感染症対策の南北格差にも顕著に現れているところである。また、近年は国内での経済格差の拡大がアメリカをはじめ先進国で大きな問題として取り上げられ、この問題と排斥主義的ポピュリズムとのつながりが、2016年のブレグジットとトランプ政権誕生ではっきりと見られた。第二次大戦後のリベラルな国際秩序の背骨を成してきたアメリカとイギリスで、移民に対する侮蔑的なコメントやグローバリストとレーベルをつけられた国際的エリートに対する反感が頂点に達したことは、大きな衝撃として受け止められ、中国やロシアの強権的な体制が感染症対策でもより優位であるという言説が広まるとともに、自由と人権というリベラルな理想主義の根幹を揺るがす問題となってきた。

国際人権システムの中でも、経済格差の問題はすでに数十年前から存在感を増してきており、市民的・政治的権利と経済的・社会的・文化的権利は相互依存関係にあるという不可分性の認識は広く共有されている。最低限の生活をすることができない経済状況で、参政権を持っていてもそれを行使することもままならないであろうし、市民が広く経済的繁栄の利益を享受し、その安定を長期的に保つためには、市民が政治に参加できる民主主義的なガバナンスが不可欠であるのだ。この理解を反映して、例えば当初は市民的・政治的権利に活動範囲を絞っていたアムネスティ・インターナショナルも、21世紀に入るとその対象領域を広げて経済的・社会的権利もそのミッションの中に含めるようになった。

これらの問題に対処しながらも、国際人権システムは国連などの国家間組織と国際NGOが協力して、市民社会から上がってくる不満の声を聞き入れながら、それに対応して人権問題を解決していくだろう。国際人権が人権の実践を変えようとするにあたっては、依然として国家主権の壁にぶつかる国際政治の現実は残っている。特にアメリカ、ロシア、中国のような拒否権を持つ大国での人権侵害に関しては、国際機関は有効な手段を取れない場合が多い。アメリカでの黒人に対する警察の行き過ぎた暴力行使、ロシアでの反体制派の暴力的抑圧、中国の新疆でのウイグル族に対するジェノサイドとも言われる圧政などを前にして、国際社会が打てる手は限られている。それでも、冷戦期の米ソ間の人権批判の応酬がそれぞれの国での人権状況の好転をもたらす要因になったように、人権規範の地位が国際社会で維持されている限り、同じような展開が、例えば現在の米中間の人種問題とジェノサイドをめぐる非難の応酬の結果として生まれる可能性もゼロではない。

この理念の力と国際人権機構を使った下からの突き上げが、良くも悪くも国際人権の実効性向上のための最も現実的な道具である。実効性を肯定的に見るにしろ、否定的に見るにしろ、国際人権の現実的な理解をベースに、過剰な期待も悲観もすることなく、人権機構の影響力を向上する地道な努力が引き続き求められる。

2008年6月6日，アイヌの人々を先住民族として認める国会決議の採択を受け，拍手に応じる北海道ウタリ協会(現・北海道アイヌ協会)の人たち．町村信孝官房長官が，「アイヌの人々が近代化の過程の中で差別され，貧窮を余儀なくされた事実を厳粛に受け止める」との談話を発表した．前年には国連総会で先住民族の権利宣言が採択されていた(Kiyoteru Tsutsui, *Rights Make Might: Global Human Rights and Minority Social Movements in Japan*. Oxford University Press 2018より)．

# 第4章
# 国際人権と日本の歩み
## ——人権運動と人権外交

# Q. 日本は国際人権とどのように関わり合ってきたのか?

ここまでは人権理念の国際社会での発展とその人権の実践への影響を追ってきた。では、日本国内での人権の実践は国際人権システムとの関わりの中で、どのように変わってきたのだろうか。また、国際人権の発展史の中で、日本はどのような役割を果たし、どのように国際人権システムに貢献してきたのか。本章では、この日本と国際人権との関係を検証し、これからの日本の人権政策・人権外交のあり方を考える。

## 1 日本国内の人権運動の歩み

## 近現代日本での人権運動

日本の近代国家としての歩みは明治維新から始まったのであり、近代的な人権との関係も明治時代から始まったと考えるのが通例である。もちろん江戸時代以前の日本でも、大名の権力を制限したり、武士の横暴を防ぐ社会的な仕組みはあったし、異なる身分の間でお互いの人間性を尊重する規範もあり、これらを江戸時代の「人間尊重思想」と再評価する向きもある。そして、この思想の長所とされた「主情的、自然的、没我的なるところ」と短所の「合理性、人格性、個人の尊厳性の軽視」は日本での人権のあり方に一定の影響を与え続けているとも言える（高坂 1968）。とはいえ、近代的な法体系に基づく人権の確立は、明治維新を経て封建制の軛《くびき》から人々が解き放たれ、１８８９年に大日本帝国憲法が制定されるまで待たなければならなかった。

明治期の人権思想は欧米の啓蒙思想に大きな影響を受けており、ロックやルソーの議論を吸収したリーダーたちが、「門閥制度は親の敵《かたき》」と記した福沢諭吉や、被差別部落の解放にコミットして活動した中江兆民などのように、自由と平等、民主主義、人権などの啓蒙思想のキーワードを使って日本社会を欧米並みの近代社会にしようとした。目標としていた欧米社会が必ずしも理想を実現していたわけではないが、民主主義的な政治制度を整え、自由で平等な社会を作ることが、日本が一等国の仲間入りをするための近道だと考えられていたのだ。

ただし、欧米のブルジョワ革命のように、王が権力の座から下ろされて国民が主権者となるという場合と違って、明治維新においては徳川将軍の代わりに天皇が統治権を持ったことは、日本での人権の考え方に大きな影響を与えた。天皇が大権を持って国を支配するという形式をとったために、国民の権利も天皇によって与えられたものという形になったが、明治憲法の第二章では制限つきながらも、集会・結社の自由や財産権など近代的な人権が保障されていた。明治憲法の下で天皇が主権者かどうかに関しては、天皇機関説との関わりで様々な法学的議論があったが、少なくとも明治憲法起草を主導した伊藤博文の考えでは、天皇でさえ国民の政治的権利を侵すことはできず、「その権利を駆使して国家を盛り立てることが天皇に対する国民の義務である」のであった(瀧井 2010)。

この憲法制定への道筋を作ったのが、征韓論に敗れて下野した板垣退助らを中心とした自由民権運動であった。自由民権運動は市民権獲得のための激しい社会運動であり、その限りで国民が人権を勝ち取った抗議行動であったと言えるが、この運動の中でも国民の権利は天皇によって与えられたものであるという尊皇思想が広く見られた。欧米でキリスト教が「国家の基軸」となって近代国家の倫理的な背骨を作っていたのを見た明治のリーダーたちは、日本では天皇しかこれに代わるものはないと確信して天皇を「国家の基軸」に据えたのであり、欧米からは自然権の考え方に近い天賦人権説も入ってきたが、「天」の部分がキリスト教的な神ではなくて日本的な天皇に入れ替えられる形で、人権の正当性が確立された（三谷 2017）。そして、江戸時代の身分制度が廃止され、天皇の下に国民が平等な立場で国を支えるという体制が作られ、憲法制定、国会開設を経て人権活動の準備が整った。

この流れが普通選挙制度を求める運動につながり、政治的・市民的人権を求める運動が大正デモクラシーの頃に花開いて、１９２５年には25歳以上の青年男子全てが選挙権を獲得した。この大正デモクラシーの時代には、当時の世界での人権運動の関心分野を反映して、労働運動、女性の権利、マイノリティーの権利の分野でも活発な社会運動が見られ出した（福家 2021）。中でも社会主義的な労働運動団体は最も早い時期から活発に活動していた。１９００年に河上清や片山潜らによって作られた日本社会主義協会、１９０３年に幸徳秋水や堺利彦らによって結成された平民社などが現れ、その後も様々な運動団体が生まれた。これらの運動に参加した人々は、必ずしもマルクス主義を信奉しその実現に生涯を捧げるといったようなタイプばかりではなく、普通選挙の実現や労働状況の改善など、もう少し幅広く社会改良を目指して運動に参加した者も多かった（松沢 1968）。しかし、社会主義の危険性を恐れた明治政府によって弾圧され、1910年の大逆事件で幸徳秋水ら12名が死刑に処せられるなどした。これらの労働運動家は第二インターナショナルにも参加するなど、欧米との国際的な連帯もあり、大逆事件に際してはアメリカやイギリス、フランスなどで抗議集会が開かれた(田中 2010)。

この平民社の運動にも影響されて、女性解放運動もまた最も早い時期から存在しており、平塚らいてうが1911年から雑誌『青鞜』で女性解放を訴える文学や論考などを出版、1919年には市川房枝らと共に新婦人協会を呼びかけ結成した。この時期はまだ治安警察法で女性の集会・結社の権利が制限されており、新婦人協会はまずこの改正に尽力、1922年にはこれを実現する。他にも、1921年にガントレット恒子や久布白落実らが作った日本婦人参政権協会も女性の権利を訴えて活動しており、市川らもこの運動に合流し、その後の運動は1924年に発足した婦人参政権獲得期成同盟会に引き継がれ、女性の参政権の獲得が課題となる。この時期の女性運動家は留学や女性の権利に関する会議への参加で欧米に渡った経験のある者が多く、欧米の女性の権利拡大運動の影響を直接受けていた(嶺山 2011; 佐藤 2020)。上述のように1925年には普通選挙法が制定されたのだが、女性が参政権を獲得するのは戦後の1945年まで待たなければならなかった。

マイノリティーの運動としては、被差別部落の解放を目指して1922年に結成された全国水平社が最初のものであった。被差別部落の人々は1871年の解放令で平民として平等な権利を獲得したはずであったが、その職業や居住地区によって、あるいは壬申戸籍の一部での「新平民」としての登録によって、引き続き差別を受け続けた。当初は自分たちの生活向上が差別の解消につながると信じて融和路線を探っていたが、強い偏見とそれに基づく厳しい差別はなかなか減らず、1918年の米騒動への参加などを契機に、直接行動による運動に向かう。共産主義者の佐野学や、ウィルソン大統領の民族自決権の主張、ガンディーの非暴力・不服従の独立運動などにも影響されて、西光万吉らが中心になって1922年、全国水平社が結成された。この時に出された水平宣言は、自分たちの人間としての誇りを取り戻し、人間を尊敬することによって解放を目指す集団運動を宣言しており、日本で最初の人権宣言とも言われる。水平社の活動は主に国内での部落差別に対する糾弾などであったが、国際的な志向もあり、結成翌年の1923年には朝鮮の被差別民・白丁と連帯し、1924年にアメリカで日系移民排斥法に抗議し、1933年にはドイツでのユダヤ人の迫害にも抗議している(友永2003)。

これらの運動はいずれも国際性を持っており、海外の社会運動から学び、また互いに連帯して発展していった。しかし第二次大戦が近づくと、戦争への協力が要求され、これらの運動の多くが骨抜きにされた。そして、戦後になって様々な団体が復活し、国民主権と基本的人権を標榜する新憲法の下で、人権保護のための啓発活動を続けた。戦後初期は社会党と共産党に集約されるような運動組織が多かったが、市川房枝らは新日本婦人同盟を結成、水平社は部落解放同盟として運動を続けるなど、女性やマイノリティーの権利を求める運動は続いた。

特に部落解放同盟は戦後の人権運動を主導し、各地方自治体や企業での人権啓発活動に加えて、二つの国際人権規約の批准運動でも中心的な役割を果たした。国際人権規約は1976年に発効するまで日本ではそれほど知られていなかったが、この頃から部落解放同盟や日本弁護士会、アムネスティ・インターナショナル日本支部などの国際人権に通じた専門家が、日本の両規約批准の必要性を訴え出し、批准運動が盛り上がり始めた。部落解放同盟は、結婚や就職での社会的差別の解決の端緒として、日本での普遍的人権理念の浸透に可能性を見出しており、たびたび両規約の批准促進集会を開いた。日本が両規約を批准した後も、今度は人種差別撤廃条約の批准促進運動に乗り出し、毎年国際人権シンポジウムを開き、国連の人権機関にも様々な形で関与し、ついには1988年に反差別国際運動（IMADR）という国際人権NGOを作り、1993年には国連協議資格を持つNGOとなって、アジアを中心に世界中でマイノリティーの人権を守る活動を行っている。

そして、1980年代以降、特に冷戦後には多くの人権団体が生まれ、国内でのマイノリティーや移民・難民、女性、子ども、障害者、LGBTQコミュニティーの権利保護をはじめ、発展途上国への援助、先住民権、サプライチェーンでの労働者保護など、様々な分野で日本の人権NGOが海外のNGOと連帯しながら活動している。国連協議資格を持つ日本のNGOも、先住民族の権利のための市民外交センターや琉球弧の先住民族会、自由人権協会、国際女性の地位協会など数十個にのぼり、国連での人権活動に参加している。アムネスティ・インターナショナルやヒューマンライツ・ウォッチなどの、海外に本拠地を持つ人権NGOも日本に支部を持ち、国際人権規範の日本での実現に大きな役割を果たしてきた。これらのNGOは国連人権機関の活動にも積極的に関わっており、日本が人権条約監視機関で審査を受ける時などは、シャドーレポートと呼ばれる報告書を提出し、日本政府代表に対する監視機関委員の質問に貢献してきた。近年は、政府内で国際人権に関わる案件を中心的に扱う外務省人権人道課とも協力的な関係にあり、報告書の作成にあたっては意見交換会が開かれ、政府が事前にNGOや市民からの声を取り入れる仕組みができている。

## 日本と国際人権機構との関わり

日本政府が国際人権機構に本格的に関わるようになったのは、二つの国際人権規約を批准した1979年以降である。先述のように、国際人権規約を批准した国家は、まずは最初の報告書を提出することを求められるのだが、日本は早速これを1980年に規約人権委員会に、続いて1981年には経済的、社会的及び文化的権利に関する委員会に提出し、それぞれその審査を受けた。その後、1982年に初めて国連人権委員会にメンバーとして選出され、その下の小委員会(2008年の改組以後は人権委員会諮問委員会)にも1984年から竹本正幸、安藤仁介、波多野里望、横田洋三、坂本茂樹、小畑郁、中井伊都子を専門家として推薦、継続的に参加してきた。また、様々な人権条約の監視機関にも継続的に日本人の専門家を送り込んでおり、例えば、規約人権委員会には、安藤仁介、岩沢雄二、古谷修一、女子差別撤廃委員会には赤松良子、佐藤ギン子、多谷千香子、齋賀富美子、林陽子、秋月弘子らを委員として輩出している。

国連での主要なリーダーシップのポストに就く日本人が少ないことはよく指摘されるが、人権分野では緒方貞子国連難民高等弁務官(第3章扉写真)が1991年から2000年にわたってその任にあたり、難民の視点に立った現場主義の難民支援で高い評価を得た。

また、日本は国連への拠出金で長い間米国に次ぐ第2位の額を出してきたが(2019~21年の分担金で初めて中国が第2位になった)、米国の国連への拠出金の支払いは国内の政治事情でたびたび滞ることから、日本の資金面での貢献は非常に大きなものがあり、それが国連の人権活動にも寄与してきた(北岡2007)。また、例えば大規模な人権侵害に責任のある個人を訴追する国際刑事裁判所への拠出金額では、日本が第1位であるなど、個々の人権機関へも財政面で貢献してきた。

一方で、これらの国際人権機関に参加するということは、日本国内の人権状況に関して報告書の審査過程などを通じて様々な勧告を受けることでもあった。日本はこれまでに規約人権委員会で7回、経済的、社会的及び文化的権利に関する委員会で4回、その他の条約監視機関でも何度も報告書の審査を受けてきた。前述のように、この報告書審査の過程では、最後に人権状況改善に関する勧告が出され、政府代表はそれを宿題として持ち帰り、次回の審査までに何らかの回答を用意しなければならない。各国政府の中にはこれらの勧告をあまり意に介さず、誤魔化すような答えで次回の審査に臨むものもあるが、日本政府は比較的真面目に宿題に取り組む方であり、少なくとも建設的な議論は行ってきたし、様々な分野で人権状況の向上も見られた。

日本が継続的に国際人権機関から批判を受けてきた人権問題は、大きく分けて、代用監獄問題や死刑制度などの司法の問題、難民認定や移民制度、人身取引などの問題、人種差別やヘイトスピーチの問題、ドメスティック・バイオレンスや婚姻制度など女性の権利に関わる問題、

LGBTQコミュニティーの権利に関わる問題、体罰など子どもの権利に関わる問題、障害者の権利に関わる問題、国内人権機構の設立などがある。こうした問題のうち、報告書審査の過程で政府が具体的に残した成果として、例えば、婚姻可能年齢が男女で違うことに対する指摘に応えて民法を改正し、男女とも18歳に揃えたこと、ハンセン病差別にあった人々に補償をし、さらには国連人権理事会でハンセン病差別撤廃決議を提案して採択に至ったことなどがある。また、人身取引やドメスティック・バイオレンスなど政府の努力だけでは解決できない問題でも、様々な啓発活動やプログラムなどでこの問題の解決に取り組んでいることを報告書に記している。一方で、法律で達成可能だがなかなか手がつけられない問題、例えば死刑の廃止や、国内人権機構の設立、同性婚や夫婦別姓を認めることといった問題では、国内の事情や国民感情などを挙げて、簡単には変更できないという弁明を提出している。

これらの問題の多くは申惠《シンヘ》丰《ボン》著『国際人権入門』で詳しく取り上げられているので、詳細はそちらに譲る(申 2020)。ここでは、日本の国際人権との関わりが一定の成果を見た例として、アイヌ民族の先住民権獲得への歩みと在日コリアンによる指紋押捺拒否運動の経過を検証する。

## 2　同化から覚醒へ

### アイヌ民族の先住民権獲得への歩み

日本列島北部の先住民族であるアイヌ民族は、明治以降、日本の近代化の波にのまれ、同化政策の下でその伝統的な土地や文化、生活手段を奪われ、慣れない農業に従事させられ、「滅びゆく民族」として同化を強いられてきた。アイヌ民族内部でも、その言語や文化を保護しようという動きは一部で見られたが、貧困と差別を乗り越えるためには同化が一番の近道とされており、戦前は皇国臣民として、戦後初期は新たな民主主義国家日本の一員として、同化を志向する傾向が強かった。これは、国内での強力な同化への圧力に加えて、国際的にも先住民の文化は遅れたものであり、先住民自身のためにも、進んだ近代国家に同化吸収された方が良いのであるという理解が一般的であったことにもよる。この19世紀後半から20世紀半ばまでの時期には、オーストラリアやカナダなどで、同化を促進し先住民の生活を向上するためという名目で、先住民の子どもを親から引き離して、強制的に近代的な教育を受けさせるような制度があった。この「盗まれた世代」に対しては両国政府が近年になって謝罪をしたが、当時はこれが先住民のためでもあると考えられていたのであった。

このような先住民族のあり方に関する国際的な理解が変わり始めるのが1970年代である。この頃から先住民族の国際的連帯が強まり、国連への働きかけによって、1982年には国連人権小委員会に「先住民に関する作業部会」が開設される。そこから、多くの先住民族がこの作業部会に集まり、植民者による収奪の歴史と現在の境遇についての経験を共有して、いかにして貧困と差別から脱却し、失われた文化、言語、土地を取り戻すかなどを話し合った(Dahl 2012)。そして1993年が国際先住民年、1995年から2004年が世界の先住民の国際10年に指定され、1995年には権利宣言起草作業部会が設立され、2000年には先住民問題に関する常設フォーラムも開設、2005年から第二次世界の先住民の国際10年が始まり、2007年には先住民族の権利に関する宣言が採択された。この1970年代以来の先住民族の権利拡大の動きが、アイヌ民族の運動にも大きな影響を与えることになる。

戦後日本でも、アイヌの人々の文化を保護する活動などは見られたが、政治的なアイヌとしての権利主張の動きは限られていた。アイヌ民族の利益を代表する団体としては、1946年にできた北海道アイヌ協会があったが、当時は政府からの援助の受け皿としての性格が強く、1961年にはその名前を北海道ウタリ協会に変更する。この名称変更は、「アイヌ」という言葉が蔑称として使われることがあったために、その否定的なイメージを逃れるために行われたことだが、このことに象徴されるように、アイヌ民族自身にも自分たちの文化に対するプライドはあまり見られず、同化を志向する傾向が支配的であった。

しかし、前述の国際的な先住民族運動の盛り上がりの中で、1970年代に入るとアイヌの代表たちも海外での様々なイベントに参加するようになった。これらのイベントそのものは文化交流がメインで、政治色はそれほど濃くないものであったが、そこに参加するために訪れた海外の先住民コミュニティーの有り様を見て、アイヌのリーダーたちは日本社会における自分たちの位置付けに対する理解を次第に変容させていく(先住民族の10年市民連絡会研究プロジェクトチーム 2009)。例えば、あるアイヌのリーダーは、カナダの国際空港で現地の先住民が民族衣装を着て伝統的なダンスを披露するような場面に接し、先住民族の文化や伝統というのは、遅れた文明の恥ずべきものではなく、プライドを持って守っていくべきものなのだという理解に変わったという。また、他のアイヌの代表は、アラスカの先住民族のコミュニティーを訪れ、その市長から、自分たちの権利を主張しないと永遠に二級市民の扱いを受け続けますよと言われ、政治的な主張の重要性を認識させられた。このような経験を積み重ねるうちに、アイヌのリーダーたちの行為主体としての考え方そのもの(actorhood)が大幅に変わり、先住民族としてのアイデンティティーとプライドを回復したリーダーたちは、自らの権利を主張する運動を進めていく決意を固めていったのである(Tsutsui 2018)。

このアイヌの人々の決意が正式に表明されたのが、1984年のアイヌ新法の提案である。他国の先住民族コミュニティーでの権利や制度から学んで作られたこの提案で、北海道ウタリ協会は初めて政府の顔色を伺うことをやめ、自分たちの先住民族としての権利を主張し始める。一旦考え方を変えたアイヌのリーダーたちにとって、先住民族のための機関や会議が活発に活動し始めていた国連は、運動を前に進めるのに格好の舞台であった。

前述のように、日本政府は1979年に市民権・政治権規約を批准し、1980年には最初の報告書を規約人権委員会に提出した。この報告書では、規約の全ての条項に関して国内での実施状況を報告しなくてはならないのだが、第二七条のマイノリティーの権利の規定に関して、政府は「マイノリティーは存在しない」という報告をした。これに対しては、報告書の審議の過程で委員たちからアイヌの存在などについて質問が出たのだが、政府代表は、アイヌは完全に同化しており、規約で規定するマイノリティーとは言えないという答弁をした。この驚くべきやり取りに関しては、これも驚くべきことに日本国内では大きな反応がなかった。規約人権委員会での審議に対する日本での理解が深くなかったこともあるが、アイヌに関して言えば、

1980年の時点ではまだ北海道ウタリ協会が権利主張に舵を切っていなかったために、政府と事を構えるような準備ができていなかったということもある。

この報告書はしかし、1986年になって再び注目される。この年、バブル経済で絶好調な日本のムードを映し出すかのように、中曽根康弘首相が日米を比べて、日本が成長著しいのは単一民族であるためであり、アメリカのような多民族国家はマイノリティーが足を引っ張るからなかなか繁栄が続かないという趣旨の発言をする。これに対しては、アメリカから大きな反発があったことはもちろんだが、国内でもアイヌをはじめ様々な集団が抗議の声を上げた。こうした声を意に介さない中曽根首相に対して、北海道ウタリ協会は、国連人権委員会の1503手続を使って救済措置を願い出るという手に出る。これまで政府との関係を大事にしてきた北海道ウタリ協会にとって、国連に訴えかけて日本政府を批判するというのは、大きな賭けであった。アイヌの訴え自体は国連では取り上げられなかったのだが、訴えを出したことだけで日本政府から一定の譲歩を引き出すには十分であった。1987年の先住民に関する作業部会で、日本政府はアイヌを「独自の集団(a distinct group)」と認め、1980年の規約人権委員会への報告書での立場を修正した。この作業部会は、アイヌの代表にとって初めて参加する国際人権の舞台でもあり、そこで政府の譲歩を目の当たりにし、国連の場でのアピールの有効性を知った北海道ウタリ協会は、この後も継続的に国連の人権関連機関、特に先住民族に関わる機関に参加を続け、政府から様々な譲歩を引き出す(榎森 2007)。

1991年の規約人権委員会への第3回の報告書では、政府はアイヌを「マイノリティー」として認め、1997年にはアイヌ文化振興法の制定を見る。これは北海道ウタリ協会が1984年のアイヌ新法提案で求めた項目のうち、文化に関するものだけを法律化したものであったが、それでも政府の予算を使ってアイヌの文化や言語の振興を図るというのは、これまでのアイヌの日本社会での位置付けを考えると、画期的な出来事であった。

このアイヌ文化振興法の時点では、日本政府はまだアイヌを先住民族とは認めていなかった。政府としては、先住民族に関する国際的な定義がないため判断し得ないのであって、先住民族の権利宣言が国連で採択され、先住民族とは何かということがはっきりすれば、日本政府としてもアイヌを先住民族と認めるにやぶさかではないという説明がなされた(阿部 2004)。そして、2007年に先住民族の権利宣言が採択されると、政府は早急に動き、2008年にはアイヌを先住民族と認める決議を国会で満場一致で採択した(本章扉写真)。この決議をさらなるアイヌ関連の施策に結び付けるべく、政府の審議会が会合を重ね、2019年にアイヌ施策推進法を施行、2020年には民族共生象徴空間(ウポポイ)が北海道の白老町に開業した。これらの政策により、アイヌに対する認識は高まり、2021年の内閣府によるアイヌ政策に関する世論調査の結果によると、アイヌ民族の存在を知っている日本人の割合は93・6%、アイヌが先住民族であることを知っている人の割合が91・2%となっている。アイヌ自身の側でも、2009年には北海道ウタリ協会が北海道アイヌ協会へと名前を再変更し、先住民族としての「アイヌ」に対するプライドが復活したのであった。

これらのアイヌ関連の政策や一般市民の間でのアイヌ民族に対する理解の増進は大きな前進であることは間違いないが、経済状況や子どもたちの教育水準などの点で、アイヌの人々がまだまだ著しく不利な立場に置かれていることは数字で示されており、またその他の様々な社会的差別も根強く残っている(小内2010)。アイヌの運動が成果を上げるまでのプロセスは非常に長い時間がかかるものであり、アイヌの人権状況を完璧に改善するものではないことは明記しておかなければならない。それでも、1970年代にアイヌの人々が置かれていた状況を考えると、政府の予算でアイヌの文化振興が行われ、日本国民の9割以上が、アイヌが先住民族であることを認知しているというのは驚くべきことである。このアイヌ民族の先住民権獲得への歩みは、国際人権が虐げられた立場にある人たちの権利意識を覚醒し、さらには国際機構でその主張を吸い上げて政府に対応を促し、人権実践の向上に貢献できることを示す好例である。

## 在日コリアンと指紋押捺反対運動

アイヌの運動の場合は、国際人権が運動の立ち上げのきっかけにもなったのであったが、すでに運動は起こっているにもかかわらず、政府の反応が鈍かったり、運動自体の団結が弱かったりして、さしたる成果を上げられていないマイノリティー運動も、国際人権の後押しを受けて発展を遂げることが多い。日本でも、在日コリアンによる指紋押捺反対運動がそのような発展を見せた。

日本による植民地化と、戦後の解放、そして朝鮮戦争と様々な歴史を経て、戦後の日本には60万人ほどの在日コリアンが定住することになった。朝鮮半島に強いアイデンティティーを持つ一世たちの時代は、いずれ半島に帰ることを前提にして、仮の住まいである日本で多くの権利を持とうという意識は少なかった。しかし、日本で生活の足場が固まり、二世・三世の時代になるにつれて、統一された朝鮮半島への復帰という理想は遠のいていき、多くの在日コリアンが日本での権利の拡充を目指すようになった。これらの権利獲得運動の中でも、最初に日本国民をも巻き込んだ大きな社会運動となったのが指紋押捺反対運動であった。

在日コリアンの法的な立場は不安定であり、数年ごとに外国人登録を更新することが義務付けられていた。この時に常に指紋採取が行われたのだが、その方法が当初は犯罪者と同じであったことや、日本人は指紋を提出する必要がなかったこと、また戦前の植民地時代の同様の義務を想起させたことなどから、在日コリアンにとって大きな精神的負担となっていた。それでも、これを拒否すると再入国許可がおりないなど、様々な不利益を被ることになったために、多くの人が嫌々ながらこの制度に従っていた。

1980 年 9 月 10 日，新宿区での外国人登録の更新時に指紋押捺を拒否した最初の在日韓国人，韓宗碩氏．写真は 1984 年 8 月の集会にて（Kiyoteru Tsutsui, 2018 より）．

これに反対して1980年に指紋押捺拒否を行ったのは、韓宗碩《ハンジョンソク》といういかなる運動団体ともつながっていない在日コリアンであった。彼はそれ以前から「牛が焼印を押されるような」指紋押捺に対する嫌悪感を感じていたが、韓国を訪れることが多い仕事のためもあって、それまでは諦めて指紋押捺に応じていた（韓さんの指紋押捺拒否を支える会 1990）。ではなぜこの時拒否に踏み切ったのか？　彼はその理由の一つとして、日本が1979年に国際人権規約を批准したことを挙げる。規約には国籍に関わりなく基本的な人権が平等に守られることが規定されており、これを根拠に彼は指紋押捺という屈辱的な扱いの理不尽さとそれを拒否することの正当性を確信した。こうして彼の指紋押捺に対する行為主体としての考え方(actorhood)の変化が、彼を指紋押捺拒否という抗議行動に踏み切らせたのであった(「ひとさし指の自由」編集委員会 1984)。

彼の指紋押捺拒否はしかし、しばらくの間世間に知られることはなかった。そして、彼の拒否から2カ月後、崔昌華《チオエチャンホア》が同じように指紋押捺を拒否する。彼はすでに韓国名の日本語読みを人権侵害としてNHKを訴えるなど、在日コリアンの権利獲得運動の先頭に立っていた運動家で、国際法の修士号を持ち、規約人権委員会も視察したことがある国際人権の専門家であった。彼の拒否は、国際人権上の根拠も理解した準備された行動であり、翌年には彼の娘たちも同じように指紋押捺拒否に及ぶ。特に彼の15歳の娘の最初の外国人登録での指紋押捺拒否は、彼がその会場にメディアを呼んだこともあって、初めて大きな注目を集め、その後、同様に指紋押捺拒否をする在日コリアンが増えていった(崔 1984)。そして、崔以前にも韓宗碩が指紋押捺を拒否していたことがわかり、彼らをはじめとする拒否者の連帯が生まれ、またそれぞれに支持団体も作られて、運動が広がっていった。

当初は指紋押捺拒否者を逮捕するなどして圧力をかけていた日本の当局であったが、数年後には何万人もの拒否者が出る事態になり、逮捕で全てに対応することは現実的でなくなっていた。また、運動の側でも、当初は日韓の歴史的経緯などを強調して日本人の罪悪感に訴えるようなフレーミングがよく使われたが、次第に国際人権章典に言及し、普遍的な人権として指紋押捺のような屈辱的な行為を拒否することの正当性を訴えるようになり、日本人にも比較的受け入れられやすいフレーミングに変わっていった。

この普遍的人権理念に訴える議論は、南北朝鮮の分断を橋渡しする上でも重要であった。それまでは冷戦構造の下で、北朝鮮に忠誠を尽くす在日のコミュニティーと韓国に籍を置く人々との間での対立が続いており、特に古い世代の間では、協力して日本での権利獲得運動に臨むような場面はほとんどなかった。これは、朝鮮半島での激しい南北対立とそれを反映した朝鮮総連と民団の対立とともに、日本での権利が国籍に基づく市民権として理解されていたからであった。日本国籍がないのだから様々な権利がないのだという前提があり、また1965年の日韓基本条約以降は、韓国籍を選ぶことで様々な権利が得られるようになり、南北の分断はさらに広がっていた。ところが、普遍的人権に基づく指紋押捺拒否が正当性を持つのであれば、在日コリアンが日本国籍を持たないことも、北朝鮮を選ぶか韓国を選ぶかも関係がなくなるのであった。こうして、普遍的人権理念を前面に押し出したこの運動は、南北の分断を乗り越え、日本人の多くからも支持を得て、各地で大勢の人々を集めた抗議行動を展開していく。

そして、この在日の運動も、国連の人権システムを巧みに使った。前述の崔昌華をはじめ金《キム》東勲《ドンフン》などの国際人権法に精通した運動家たちは、国連人権委員会や規約人権委員会で在日の権利に関する訴えを1980年代初めから行っていた。アイヌも使った国連人権委員会の1503手続は、在日コリアンが最初に使っており、アイヌの訴えは取り上げられなかったが、在日の場合は審議の舞台に乗ったのであった。前述のように、1503手続で何が審議されたかは公にされないが、どの国の案件が審議されたかは発表されるので、日本のケースが取り上げられたことは広く知られるところとなった。当時、1503手続で取り上げられる国はほとんどが発展途上国であり、日本は歴史上も数少ない1503手続で審議を受けた先進国となり、政府に大きな痛手を与えた。

こうして、指紋押捺拒否運動が内外で盛り上がりを見せ、日本政府に大きなプレッシャーがかかる中、在日コリアンたちは、海外のネットワークも巧みに使って運動をさらに前進させた。在日のリーダーたちは韓国政府との間にも太いパイプを持っており、それを使って日韓の間での在日コリアンの地位に関する協定の交渉でも指紋押捺の問題を取り上げさせた。また、アメリカやカナダ、オーストラリア、ニュージーランドなどのコリアン・コミュニティーとも連帯し、各国の日本大使館の前で抗議行動をするなど国際的な運動の広がりも見せた(韓さんの指紋押捺拒否を支える会 1990)。

守勢に回った日本政府は、指紋押捺の精神的負担を減らすために黒いインクを透明なインクに変えたり、指紋押捺を1度だけにしたりと、様々な措置を取ったが、それでも内外からの批判や抗議は収まらず、1993年には在日コリアンに対する指紋押捺を全廃、2000年には全ての外国人に対してこの制度を廃止した。それまでに採取した指紋の扱いなど、残った問題もあったが、これは運動側の完全勝利に近い結果であった。

2001年の9・11テロを受けて国境での安全対策が強化され、アメリカをはじめ各国が外国人の入国に際して指紋を採取するようになり、日本でも同様の措置が取られたのだが、この時も在日コリアンに対しては、それまでの経緯を踏まえて、指紋押捺が行われることはなかった。こうして、国際人権規約が後押しした、韓宗碩の指紋押捺拒否から動き出した指紋押捺拒否運動は、普遍的人権理念を押し出すことで、在日コリアンの間での南北の分断も日本人との間の軋轢も乗り越えて大きな社会運動となり、国際人権システムと海外のコリアン・コミュニティーを巧みに使って日本政府への圧力を増やし、運動の目的をほぼ完全に達成したのであった。在日コリアンは他の権利の獲得のためにも闘ってきており、あらゆる面で目標を達したわけではないが、1960年代には政府の高官が「外国人は煮て食おうと焼いて食おうと自由」と息巻いていたことを考えれば、この指紋押捺運動の成果は特筆すべきものである(田中 2013)。

アイヌの運動も在日コリアンの運動も、国際人権の普遍的人権理念が日本に浸透してくる中で、マイノリティーが自分たちの日本社会での位置付けやどのような権利を主張できるかについての意識や考え方――社会運動における行為主体の考え方(movement actorhood)と呼ばれるもの――を変えたところが転換点であった。そこから運動が新たな展開を見せ、国際人権の仕組みもうまく使って人権状況改善に向けて外から政府にプレッシャーをかけ、それに対応して政府が法改正などを行って徐々に人権の実践が変わっていくというプロセスをもたらしたのである。また、ここでは詳しく紹介しなかったが、このプロセスでは国内外の人権NGOが様々な場面で手を貸しており、アイヌや在日コリアンの国連への訴えや国連人権機関への参加なども、これらの人権NGOの尽力によるところが大きかった(Tsutsui 2018)。

このプロセスが展開したのは、日本がすでに経済大国として国際社会で重要な地位を占めていた時期であり、国際人権の漸進的な効果が日本のような大国でも見込めることを示している。ただし、日本政府が国連中心主義をとり、国連安全保障理事会での常任理事国入りを目指していたことなどを考慮すると、日本が国連からの批判に応えやすい国であったとは言えるかもしれない。

## 3　日本の人権外交と試される「人権力」

### 1919年パリ講和会議と人権外交の端緒

ここまでは主に日本国内の人権問題と国際人権の関わりを見てきたが、人権外交と言われる海外での人権侵害に対する取り組みや国際人権活動への貢献では、日本はどのような役割を果たしてきたのであろうか。

黒船来航以降、近代日本が国際社会と関係を持ち始めた当初は、欧米との関係で基本的に弱い立場に置かれており、不平等条約の解消のような、マイナスをゼロに戻す努力を強いられ続けた。こうした交渉の中で、唯一の非白人近代国家となった日本のリーダーたちは、白人社会での人種差別的取り扱いを敏感に感じていた。日清・日露戦争や第一次大戦を経て、日本が列強に伍するまでに成長した時、日本政府は1919年のパリ講和会議で人種平等原則の提案を行う。第一次大戦に勝った連合国が、講和条約や国際連盟の結成などについて話し合うために

パリ講和会議の日本代表団．中国外交官の活躍と対照的な「沈黙戦術」が世界から批判を浴びる(篠原初枝『国際連盟』中公新書，2010年より)．

集まったこのパリ講和会議で、日本はアメリカ、イギリス、フランス、イタリアとともに、参加33カ国中最重要な主要5カ国の一つとしての地位を占めた。この中心的な役割を活かして日本は、国際連盟規約に人種平等の原則を盛り込むことを提案する。これは国際社会で最初の人権に関わる問題提起であった。

日本政府がこの提案を出した動機には諸説ある。アメリカでの日系人移民排斥の動きなどを抑えるために、人種差別に反対する原則を国際連盟で確立する必要があったというのが一つの有力な説である。世界の五大国の地位まで上り詰めながら、日本からアメリカへの移民は邪魔者として排除されたり差別を受けたりするという状況は日本にとっては屈辱的であり、特に外務省の方針として、この移民問題の解決は一つの大きなモチベーションであった。また、日本国内でアジア主義が強まり、欧米、特に米英に対する不信感が高まりつつあり、米英主導の国際連盟に日本が仕方なく参加させられるというイメージを克服するために人種平等原則が提案されたという説もある。国際主義を志向する原内閣は、国際連盟が人種平等の原則も支持する、米英のためだけではない国際機関であることを示そうとしてこの原則を提案したというのである(Shimazu 1998)。日本政府の狙いがどこにあったにしろ、この原則が採択されれば、それは普遍的なものとして世界中で受け入れられる可能性があった。そして、このような原則が国際社会で受け入れられることは、人種差別問題を抱えるアメリカやイギリス、さらには白豪主義を強力に推し進めていたオーストラリアなどの国にとっては看過できるものではなかった。オーストラリアの強硬な反対をイギリスが支持し、国際連盟への国内での支持を確保したいアメリカもこれに反対するに及んで、この原則の採択は危うくなっていた。しかし、フランスやイタリアなどの支持もあり、会議の代表者16名のうち11名が賛成票を投じ、多数決の原則でこの提案は可決されるはずであった。ところが、議長のウィルソン米大統領がこのような重要な問題は全会一致でないと可決できないという不規則的な決断を下し、この提案は否決されてしまう。

この人種平等の原則が主に日本にとっての問題解決のためになされたものであったとしても、唯一の非白人大国であった日本がこの原則を国際会議の舞台で提案したことは、アメリカの黒人やヨーロッパの植民地の人々にとっても意味のあることであり、普遍的な人権原理の発展にも貢献できる試みであった。前章でも見た通り、人権原理の発展はしばしば国家が自己のために取る行動から帰結するものであるのだ。実際にアメリカでは、黒人社会でこの原則に対して期待が集まり、この提案が否決されると、失望した黒人たちが各地で抗議行動を起こした(Lauren 1996)。逆に、この人種平等の原則が否決されたことで、日本国内での欧米への不信感はさらに強まり、アジア主義が一層勢いを増し、アジアでの権益確保は日本の権利であるとして、欧米からの干渉は拒否する方向に向かった。こうして、人権外交の端緒となり得たこのパリ講和会議が、結果的には日本を大きく失望させ、それ以降、力の論理でアジアでの現状変更を推進する遠因になってしまったのは歴史の悲劇であった。

## 第二次大戦と戦後の歴史問題

大国となった日本はその後、欧米と対抗しながらアジアでの拡大・侵略を深めていき、大東亜共栄圏を作って東アジアから東南アジアまでをその勢力圏内に収める。その際に欧米諸国よりも急速かつ強力に植民地拡大を進めたこともあり、特に中国と韓国に戦後から現代まで続く大きな禍根を残すことになった。戦後の新憲法の下で、当時としてはかなり進んだ基本的人権の保障を手に入れた日本であったが、外交面では、戦後もまたマイナスをゼロに戻す努力から始めなければならなかったのであった。

東南アジア諸国でも、１９７０年代に戦争の記憶が、日本の経済進出と現地の腐敗した政権に対する不満と結び付いて、田中首相訪問時の大規模な暴動などに発展した経緯があり、日本の植民地支配に対する反発は戦後も残っていた。しかし、そこでは主に欧米から日本に侵略主体が変わったケースが多く、また日本の支配した期間が短かったこと、戦後の日本の謝罪・補償などが比較的広く受け入れられたことなどもあり、東南アジア諸国との関係は良好に収まった場合が多い。一方で、中国や韓国では日本の侵略・植民地化に対する反発は根強く、それを抑え込むために日本軍がさらに強権的に対応するという負のサイクルが繰り広げられた。その中で出てきた南京などでの市民の虐殺、そして韓国人女性を中心としたいわゆる慰安婦に関連する人権侵害などは、戦後、国連人権機関でもしばしば取り上げられ、今日に至るまで「歴史問題」として東アジアでの外交を難しくしている。

現在では、戦後長期にわたって日本と中韓の間での外交問題であったように思われるこの歴史問題であるが、例えば慰安婦問題などは、長い間政治的な問題とはなっていなかった。これらの歴史問題が外交問題に発展するのは、１９８０年代以降である。その理由として、日本での歴史教科書検定の問題や中曽根首相の靖国神社参拝などに端を発し、中国や韓国から批判の声が上がり出したことがしばしば挙げられる。しかし、そこには国際人権規範の影響も色濃く見られる。1970年代に大きく飛躍した国際人権の波及的影響力の中で、移行期の正義、すなわち人権侵害が起こった後に加害者の責任をどのように問い、その一方でどう社会の中で和解を達成していくかに対する関心が高まった。この問題が1990年代に入って国際刑事裁判所や真実と和解の委員会の設置に発展することは前章で見たが、その前段階として、1970年代以降、過去の人権侵害に遡ってその責任を追及したり、謝罪や補償を求める運動は世界のあちこちで本格化していた。例えば、アメリカでの第二次大戦中の日系人の強制収容に関する補償・謝罪は1970年代後半から動き出し、1980年代には正式に政府からの補償と謝罪が行われた。こうして、過去の人権侵害を見直し加害責任を問うという営みが国際社会で正当性を得るとともに、日本に対しても第二次大戦中の人権侵害に向き合うことが求められるようになったのであった。

この国際的な風向きの変化とその日本での影響に関しては、筆者の研究で、毎年の8月15日の四大主要新聞の社説を1945年から2004年まで読み込んで、戦争に関する言説の変遷を辿ったものがある。その結果から見えてくる日本の第二次大戦に関する言説の特徴は、まず第一に、1980年代までは明らかに、戦争反対が国を挙げてのスローガンとなった戦後日本のアイデンティティーを反映して、日本人がいかに悲惨な体験をしたかという被害者的な視点が色濃く見られたことである。しかし、1980年代以降になると、上述の国際人権規範の影響を反映して、アジアでの人権侵害に関する反省が頻繁に取り上げられるようになる。さらには、それらの過去の人権問題を日本にとってだけの問題ではなく、戦時中の人権侵害という国際社会で考えていくべき普遍的な人権問題として捉える必要性を訴える議論も多かったのである(Tsutsui 2009)。

そして、歴史問題で日本を追及する側の運動団体は、国際人権を味方につけて、日本政府に大きなプレッシャーをかけていった。特に慰安婦問題は、1990年代に入って旧ユーゴスラビアやルワンダでの戦時下の性暴力の問題が大きな注目を集める中、そのプロトタイプ的なケースとして国際的な関心を集め、国連の人権機関でもしばしば議論されることになる。これは、当時の慰安婦運動に関わっていた日韓の運動家が、巧みに慰安婦問題と同時代の戦時性暴力の問題とを結び付け、これを日韓の間の問題としてではなく、普遍性のある国際人権の問題としてフレーミングしたことの帰結であった(Tsutsui 2006)。

## 国際人権外交での対話路線

歴史問題は日本の人権外交に影を落とし続けてきたが、他の分野での日本の人権関連の外交努力はどのように評価されているのであろうか。戦後の日本外交は、経済発展を通して日本を再建しようとする吉田茂のビジョンを反映した、「軽軍備、安全保障の対米依存、経済と通商の重視」の吉田路線を基調としてきた(五百旗頭 2014)。1956年に国連に加盟し、その一員として国際社会に正式に復帰した日本は、直後の1957年には「国際連合中心」「自由主義諸国との協調」「アジアの一員としての立場の堅持」を外交の三原則として掲げたが、当時の実態はやはり、経済を重視し、安全保障は日米同盟に依存するという吉田路線が基軸であった。この方針は、戦後の復興と日本経済の高度成長を可能にしたが、人権を中心的な原則とした外交にはつながらなかった。近隣のアジア諸国に限って見ても、戒厳令を発して独裁政権を築いたフィリピンのマルコス大統領や、共産主義勢力の虐殺を行ったインドネシアのスハルト政権、反体制派の金大中を白昼の東京都内で誘拐・拉致した韓国の軍事政権など、人権侵害を堂々と行っていた国々とも緊密な関係を維持した。南アフリカのアパルトヘイト政権とも長い間友好的な関係を続け、名誉白人としての特権を享受し、1980年代には国際社会で疎外された国であった南アフリカにとって最大の貿易相手国となっていた。1989年に中国で天安門事件が起きた時も、最初に融和路線を取り始めて中国を国際社会に引き戻そうと尽力したし、ミャンマーで民主化勢力が弾圧され、アウンサンスーチー氏が軟禁されても、軍事政権との関係を続けた。近年も、タイでの２０１４年のクーデターや、ミャンマーでのロヒンギャ問題および２０２１年の軍事政権の権力掌握などに際しても、欧米に比べてかなり抑制的な対応を取った。

日本の人権外交は一貫して、このような対話と協力を主眼とする独自の関与(engagement)路線を取ってきており、これは欧米の民主主義諸国とは一線を画す外交姿勢であった。アメリカをはじめとする西側諸国が制裁などの措置を取る中で、日本は一定の同調を見せて少しばかりの批判や制裁は行うが、対話のパイプラインを重視して、踏み込んだ制裁は控えるという場面が多かった。この方針は、前述の歴史問題とも関わっており、特に東南アジアでは、戦後の日本が生まれ変わった信頼できるパートナーであり、アメリカや中国のように自国の利益や思想を押し付けない、大国でありながら礼節外交を行う国であることを示すためという面があった(Ciorciari and Tsutsui 2021)。例えば、ミャンマーの軍事政権に捕らえられていたアメリカのジャーナリストが解放された最近のケースのように、日本の関与路線が独自のコミュニケーションを可能にし、有効に働く場面もありうる。しかし、内外の人権の専門家からは、日本の対応は普遍的人権規範の実践に資するものではないという批判も多い。日本が民主主義陣営の中心を担う国となり、国際社会で協力して人権規範を守る努力をする立場にある以上、日本の人権外交はその方向性をより明確にする必要に迫られてきた。そこに出てきたのが価値観外交であった。

### 価値観外交の台頭

すでに冷戦終結以降、日本がリベラルな国際秩序に貢献する機運は高まっていた。１９９１年のイラク戦争で、国際社会が協力してサダム・フセインのクウェートへの侵攻に対して立ち上がった中で、日本は中心的な役割を担ったアメリカの同盟国であるにもかかわらず、資金面での協力しかできなかった。これに対する反省から、冷戦後の新しい国際秩序で国連への期待が高まる中、日本もＰＫＯへの自衛隊の派遣を実現するなど、国際貢献の幅を広げつつあった。その流れの中で、価値観外交というビジョンを打ち出したのが安倍晋三首相であった。

安倍首相は政治家になった頃から、韓国との間の慰安婦問題といった歴史問題で積極的に発言し、小泉政権で北朝鮮の拉致問題が持ち上がると、官房副長官として小泉首相とともに平壌に入るなど、先頭に立って北朝鮮に強硬に問題解決を迫った。こうして彼は、日本が人権侵害の加害者として非難される国際人権の舞台と、日本の拉致被害者の救済のために協力してくれる国際人権機関とを両方経験してきたのであった。そして、２００６年に首相に就任するに及んで、麻生外相とともに価値観外交を推進し、自由、人権、民主主義、法の支配などの普遍的価値観をアジア全域に広げて「自由と繁栄の弧」を築き上げるというビジョンを掲げた。その後、一旦下野を余儀なくされるが、2012年に首相に返り咲き、8年近くにわたる日本憲政史上最長の政権を運営する中で、この価値観外交をさらに発展させ、「自由で開かれたインド太平洋」や「信頼ある自由なデータ流通」など、リベラルな価値観を押し出した外交を進めた。これは中国やインドなどが台頭し、日本の国際的なプレゼンスが低下する中で、中国やロシアなどの非リベラル勢力に対抗し、日本外交の方向性をはっきりと示すことで、その影響力を強めようという野心的な試みであった。この試みは対外的に予想以上の成果を上げ、イギリスのEU脱退やトランプ政権のアメリカ・ファースト外交などで国際秩序が不安定化する時代に、安倍首相はドイツのメルケル首相とともにリベラルな国際秩序を支える存在とまで見られるようになった。

基本的に安倍首相の外交路線を菅政権、そして現在の岸田政権は継承した。岸田政権になって、国際人権問題担当首相補佐官のポジションが作られ、外務省でも、国際人権関連の案件を長い間扱ってきた総合外交政策局人権人道課に、国際人権担当の企画官のポジションが設置された。さらに価値観外交を制度のレベルに昇華させる努力が続き、日本がジェノサイド条約を批准していないことも注目され始め、人権問題に関連して制裁を発動できるようにする日本版マグニツキー法（後述）制定などの議論も盛んになっている。

ジェノサイド条約は、アメリカや中国、ロシアも含めて、世界152カ国が批准しているのだが（2021年9月12日現在）、日本はいまだに署名すらしておらず、近年までこの問題が議題に上ることも少なかった。前章で見たように、ジェノサイドが起こっていると認定した場合に締約国が何らかの行動を取ることを義務付けるこの条約は、他国の人権問題に介入することに慎重な日本とは親和性が低い条約であったかもしれない。また、すでにジェノサイドが最も凶悪な人権侵害であるという認識が国際社会で一般的であり、例えば国際刑事裁判所での訴追などが可能であること、そして日本が国際刑事裁判所の加盟国であり、最大の拠出金を出していることなどからも、この条約の批准は象徴的な意味しか持たないという議論もありうる。しかし、近年ミャンマーでのロヒンギャや中国の新疆ウイグル地区での状況に大きな関心が集まる中で、ジェノサイドとは何かという議論が高まり、日本がジェノサイド条約を批准していないことに注目が集まり出した。たとえ批准が象徴的な意味合いの強いことだとしても、批准のコストがそれほど高くないことを考えると、例えば日本がジェノサイド認定をした時に取りうる行動に留保をつけるなどして批准することは十分可能であろう。

またマグニツキー法は、2009年にロシアで高官の汚職を調査していて捕らえられ、拷問を受けた末に刑務所で死亡した税理士セルゲイ・マグニツキーの事件に関与したロシア政府高官に対する金融制裁のための法律であった。アメリカで２０１２年に制定されたこの法律は、２０１６年にはグローバル・マグニツキー法として、適用範囲をロシアから全世界に広げ、人権侵害に関与した政府関係者の個人資産を凍結したり、米国入国を禁止するといった制裁を数々の国で実施してきた。その後、カナダやＥＵ、イギリスでも同様の法律が成立し、日本でも検討が進んでいるところである。包括的な経済制裁が、為政者や富裕層には大した効き目がなく、むしろ貧困層を苦しめるだけであるという認識に立って、スマート・サンクション（smart sanction）と呼ばれる、人権問題の責任者の海外資産差し押さえや国際的な移動の自由の制限など標的を絞った制裁が盛んになる中、マグニツキー法は有効なカードとして期待されている。包括的な経済制裁で国全体を敵に回すことを避ける傾向がある日本にとっても、個人を標的とするマグニツキー法はより有用性が高い外交上の道具になる可能性がある。

こうして現在、人権外交への関心が大きくなり、国際人権へのさらなる貢献への機運が高まっているのだが、この動きを主導しているのが保守派と見られる政治家であることもあって、中国や北朝鮮に圧力をかけるための道具として使われているという批判もある。しかし、第２章で見てきたように、当初の動機はどうあれ、国家が国際人権にコミットすることは、簡単には降りられないレールの上を走り出すことであり、人権規範に冷淡であったり反対したりするよりは、はるかに望ましいアプローチである。ただし、これまでに強調してきた通り、国際人権で肝要なのはその普遍性であり、国際人権規範に基づいて中国や北朝鮮を批判するのであれば、ミャンマーでもイランでも、同盟国アメリカでも、ひどい人権侵害があればそれを批判することができなければならない。日本版マグニツキー法の制定やジェノサイド条約の批准などの法制度の整備があれば、日本の人権に対するコミットメントは普遍性を持ち、どの国で起きた人権侵害にも対応できるようになりうる。

また、人権原則を掲げて他国を批判すれば、それが自国の人権状況に対する批判として返ってくる可能性があることも認識しておかなければならない。アメリカとソ連の間でそのような応酬があったことは前章で見た通りであるし、これからアメリカと中国の間でお互いの人権批判が国内の政治にも影響を与える可能性がある。その場合、アメリカのような民主主義国での方が、人権運動家が外からの批判を活用して政府を批判することの有効性が高く、人権状況に対する影響が早く出やすい。

すでに日本でも、価値観外交の進展と並行して、安倍政権には国内での政治運営の手法やレトリックについて、人権と民主主義の観点から様々な批判が浴びせられてきた。外交面で人権にコミットする立場を打ち出した安倍政権は、これらの批判を全て無視するわけにはいかず、慰安婦問題では被害者に寄り添う謝罪メッセージを出し、マイノリティーの権利に関してはアイヌ新法やヘイトスピーチ規制法、部落差別解消推進法など様々な人権関連の法整備を行った。これらの法律は罰則規定が不十分だという批判もあるが、その後、いくつかの訴訟で使われるなどしており、人権向上のために有効に機能する可能性は十分にある。そして、安倍政権のこれらの対応は、外に向けてリベラルなメッセージを発信してきたことで、国内での政策にも一定の一貫性を持たせなければならなくなるという、多くの国家が経験してきた「空虚な約束のパラドックス」に似た展開であった。

最後に、日本の価値観外交が本格的な人権外交に発展するのであれば、同時にその限界についてもしっかり認識しておかなければならない。近年、人権制裁が効果的かどうかという議論も盛んになってきているが、例えば日本が中国に対して新疆ウイグルでの人権侵害に抗議して制裁を発動したとして、それですぐに中国が状況を改善すると考える人はほとんどいないであろう。中国のような大国への制裁は特に短期間には効きにくいのだが、中央アフリカ共和国やモルディブなどの小国に対してであっても、日本が一国の力で簡単に他国の人権の実践を変えられるような状況はほとんどない。人権制裁においては、他の国際人権の道具と同様に、国際社会で協力して当事国に圧力をかけることによる漸進的な効果を期待しつつ、人権侵害を見過ごさないし、許さないという意思表示を行うという象徴的な意味も重要なのである。

## 試される日本の「人権力」

日本と国際人権との関わりは、1919年の人種平等原則の提案などを例外として、主に日本が国際人権に影響されるというベクトルで展開してきた。日本から国際人権に関する新たな提言が行われることは少なかったのだが、2000年代に入って部落解放同盟を母体とする国際人権NGOであるIMADRが、インドのカースト差別解消に取り組むNGOなどと連帯して、職業と門地に基づく差別の撤廃に関する決議の国連での採択を実現した。これが、日本から新しい人権問題を発信した最初の例と言われる(Tsutsui 2018)。その他にも日本の市民社会も政府も国際人権の発展に様々な貢献はしてきたが、発信力という点では、さらなる飛躍が望まれる。

そのためにも、国際人権規範を理解し、国内の人権問題に対する批判にしろ、国外の人権侵害への対応にしろ、リベラルな国際秩序の中核をなす国として適切な行動を取らなければならない。これまでの日本の国際人権との関わりの歴史を見ると、日本国内での人権に対する理解が国際的な人権感覚とずれている時に、日本が人権関連で批判にさらされる局面が出てきたことがわかる。例えば、第二次大戦中の人権侵害に対する謝罪や補償などの外交的対応では、日本は、国際社会での過去の人権侵害にまで遡っての謝罪や和解に関する規範の強さ・方向性を読み損ね、様々な批判を浴びることになった。この問題では、後手後手に回った対応のために、現在でも歴史問題が大きな外交課題となった状況が続いている。また、アイヌの先住民権運動でも、当初先住民権に関する理解が浅く、批判を受ける立場にあったが、この問題では次第にアイヌの運動に応えて、法改正などを進め、現在では先住民権に対して比較的理解のある国と捉えられている。ただ、現在の夫婦別姓や同性婚などのジェンダーに関する議論や移民・難民の問題などでも、国際人権で主流となっている理解と日本の議論や対応との間にズレがある場面が多いことは否めず、これらの分野では特にこのギャップを縮める努力が必要になってくる。

もちろん、国際人権の議論を100%所与のものとして、常に無批判に受け入れなくてはいけないというわけではない。第3章で見たように、現在の国際人権の議論では、当該国の文化的・制度的伝統を尊重しつつ、その社会に受け入れられやすい形で普遍的人権理念を土着化(vernacularization)させるようなアプローチの重要性が高まっており、国際人権規範を日本社会のあり方と接合する努力は重要である(Merry 2006)。これは、国際人権が西洋発の思想であるという見方が強い地域で、普遍性の名の下に人権理念を上から押し付けることに対する倫理的疑問と反省を踏まえて出てきたアプローチである。

例えば、日本での夫婦別姓・別氏に関する議論について考えてみよう。国際社会でこの制度が女性差別であると批判され、国連女性差別撤廃委員会から何度も改善勧告を受けていることや、日本以外でこの制度を持つ国がほとんどないことなどは、制度廃止の十分な論拠となりうるように思える。しかし、反対派は夫婦別姓・別氏を認めれば日本の伝統的な家族制度が崩壊し、国家の基盤をも揺るがすという論陣を張っている。このような議論に対しては、国際基準の議論だけでなく、近代以前の日本社会で氏を持った一部の人々の間では夫婦別氏が普通であったこと、明治時代に入ってからも最初の30年以上にわたって夫婦別氏制度が取られており、1898年の民法で初めて夫婦同氏が法制化されたことなどの、日本の伝統を踏まえた夫婦別姓・別氏のための議論をする方が有効であろう。反対派は、夫婦同姓・同氏を日本的な人権のあり方として認めてもらいたいのであれば、ただ日本の伝統だからとか、これまで続いてきた慣習だからというだけではなく、その必要性を国際社会で理解が得られるような形で説明できなければならない。

今後も日本が国際社会で名誉ある地位を占めようとするならば、国家・企業・市民社会・メディア・大学・個人などあらゆる行為主体が、適切に人権問題と向き合い対応する力、言わば「人権力」を身につけなければならない。それは、例えば政府がミャンマーでの人権侵害に対して制裁を加えるべきか、北京オリンピックでの外交ボイコットに踏み切るべきかと言った判断に際して、国際人権規範を念頭に、また人権以外の国益との兼ね合いも考えながら総合的に判断する力である。政府だけでなく、企業であれば、サプライチェーンの先でスウェットショップ労働が行われていないことを確認する人権デューディリジェンスの実行。学校であればブラック校則と呼ばれるような理不尽な規則で、例えば生まれつき茶色い髪を黒髪に染めさせるといった、生徒に対する人権侵害をしていないか。個人であれば、周りで人種差別的発言を聞いた時にそれに同調するのか、それを批判するのか。それぞれの立場で「人権力」を強化する努力が求められる。様々な人権関連の失言などで、関係者が開催直前に辞任に追い込まれた東京五輪実行委員会や、アイヌに関する報道の中で、典型的な差別発言をそうと認識できずに後に謝罪を余儀なくされた民放の情報番組などは、「人権力」のなさが現れた典型的な例であろう。こうした事態を防ぐためには、組織のレベルでは、日頃からリスク・マネージメントとして人権関連の案件に対応する準備をし、個人のレベルでも人権関連の報道に目を向け、遠い国での問題にも関心を払い、自分にも関わる問題であるという意識を持つことが重要である。

　また、より具体的に国内での「人権力」強化を進めるためには、1993年に採択されたパリ原則で規定され、国際人権機関からもしばしば勧告を受けている、国内人権機構の設立など、国際基準を満たすような国内の制度整備や啓発活動を進めることが重要であろう。国レベルでのこれらの施策によって、人権理念の主流化、すなわち政府、地方公共団体、さらには企業や学校などの組織で、人権理念の実現が目指されるという波及効果が期待できる。さらに、人権教育のための国連10年(1995〜2004年)の成果を参考に、近年盛んになってきている人権教育を進め、次世代の日本人が人権の本質を理解することも欠かせない。そうした教育・啓発活動の中で、人権理念の長い歴史を学び、現在の国際人権が、圧政と戦い、差別を克服し、自由を勝ち取るための世界中での多くの人々の闘いの中で勝ち取られてきたものであり、市民による不断の努力で支え続けなければ、いとも簡単に崩れてしまうものであることを認識しなければならない。同調圧力が強いと言われる日本で特に大事なのは、異議申し立てをする市民やNGOの主張に耳を傾け、その主張に同意しなくても、誰もが人権を主張できる権利を守ることである。普遍的人権理念の中での人権を主張する権利の重要性は、国連がわざわざ人権擁護者に関する宣言(Declaration on the Human Rights Defenders)を1998年に採択し、2008年からは人権擁護者の状況に関する特別報告者(Special Rapporteur on the situation of human rights defenders)を指名して、人権保護のために活動する個人や組織を守ることに尽力していることでも明らかである。

国際社会は経済力や軍事力が幅を利かせる世界であり、これからもその重要性は変わらないであろう。その中で「人権力」が持つ影響はまだ微々たるものかもしれない。しかし、１００年前の国際政治ではほぼ無意味であった「人権力」が、今では誰しも無視できない要因の一つとなっている。さらに、これまでは主に政治の世界での議論であった人権が、近年は国際経済でも環境問題やガバナンスなどとともに重要な論点となっており、ＥＳＧ投資やＳＤＧｓなどの形で日本のビジネスの世界でも大きな注目を浴びてきている。軍事力で世界をリードしようという志向の薄い日本だからこそ、経済力を立て直した上で、「人権力」で世界の先頭に立って、国際人権の発展に貢献するというのはこれからの日本にとって大事な指針の一つになりうるのではないだろうか。

# おわりに

年の瀬も迫った2021年12月末、ロシアで1980年代に創設された最も伝統ある人権NGO、メモリアル・インターナショナルとメモリアル人権センターに相次いで解散命令が出された。ゴルバチョフ大統領のグラスノスチ(情報公開)政策によって可能になった、ソ連の過去の人権侵害の歴史を記録するという使命を、ソ連邦崩壊以前から果たしてきた「メモリアル」は、ロシアの現在の人権運動の中核的存在でもあり、ノーベル平和賞の候補にも挙がっている。ソ連を偉大な国家と位置付けるプーティン大統領にとっては、スターリン時代にまで遡ってソ連の第二次大戦中の行動などに関して批判的な立場を取るメモリアルは目障りな存在であり、海外から資金援助を受けていることを理由に「外国のエージェント」というレーベルを貼られ、解散を迫られることになった。

同じ2021年、アメリカでも歴史の記憶に関する論争が話題を呼んだ。批判的人種理論

(Critical Race Theory: CRT)と呼ばれる、アメリカ社会の奴隷制に起因する根深い人種主義を批判する法学理論が小中学校でも教えられており、白人の子どもたちの自尊心を傷つけているとして、南部の保守層の親たちを中心に大きな反発が起こり、あちこちで教育委員会のミーティングが紛糾、委員会のメンバーには脅迫が届いたりもした。実際には、CRTは法科大学院で教えられるかなり複雑な理論であり、それがそのまま初等・中等教育の現場で教えられているという事実はない。しかし、反人種差別の波が訪れたアメリカで、ブラック・ライブズ・マター運動などに連帯を示し、人種差別の歴史を批判的に検証し、無意識の人種差別に対する注意を喚起した教師たちは多くいた。CRTが政治的な問題になったのは、共和党と保守系メディアがこうした動きに対する反感を煽り、白人保守層の動員に成功したからだとされる。2021年秋のバージニア州での知事選挙ではこの問題が大きく取り上げられ、2022年の中間選挙や2024年の大統領選挙でも争点となりそうな勢いである。

ロシアもアメリカも様々な人権問題を抱えてきており、自国の恥ずべき過去を隠そうとする傾向は、特に支配的な力を持ってきたマジョリティーの間では強い。どちらの社会でも、過去の人権侵害から目を背け、なかったことにしようというような動きは、現在の人権状況への無関心にもつながるものであり、同様に批判されるべきである。ただし、この二つのケースで決定的に違うのは、ロシアでは政府が強制的に過去の記憶を消そうとしているのに対して、アメリカでは、組織的な煽動もあって、市民社会の側が先頭に立ってCRT批判を行っているところである。

ロシアで見られるような上からの抑圧は、法の支配や司法の独立の欠如という統治構造の問題であり、簡単に解決はできないが、問題の所在は比較的わかりやすい。国家の側のこのような抑圧はこれまでも多く見られたし、これからも続くであろう。国際社会がロシアのような大国に対して、人権問題への対処を迫ることの難しさはこれまで見てきた通りであるが、少なくとも国際人権の仕組みでこうした問題は何度も経験してきたし、それなりのノウハウはある。

一方で、アメリカで見られる市民社会からの人権理念へのバックラッシュは、現在のアメリカの根深い社会分断状況を考えると、解決の糸口を見つけるのも難しい。CRTを批判する側の市民にも、政治的主張をする権利があり、人種差別の歴史と現実に関して全く異なる見解を持つ人々の相互理解がどうすれば深まるのかという難問にぶつかるからである。国内外で様々な人権問題を抱えながら、アメリカが国際人権で指導的な立場を維持してきた大きな要因は、アメリカの統治機構が一定の自浄能力を持つからであった。自由なメディアと市民社会、法制度が、警察の黒人に対する暴力であれ、アフガニスタン撤退の過程での市民に対する殺戮行為であれ、国内外の人権侵害を告発し、何らかの責任を追求する仕組みを一定程度機能させてきた。もちろん、アメリカの行為を全て正当化するような勢力も常に存在したし、人種問題や社会正義に関わる政策変更に対するバックラッシュも常に起こってきた(Anderson 2016)。しかし、現在の社会分断は、排外主義的なポピュリズムを伴い、アメリカの民主主義制度の根幹を揺るがすような根深いものである。人種問題を主因として南北戦争という内戦まで経験してきたアメリカだが、この状況を乗り越えていくことができるのだろうか。アメリカ政治の行方は国際人権の未来にも大きな影響を与えるもので、注視していかなければならない。また、このような市民社会の側からの国際人権に対するバックラッシュが起こっているのはアメリカだけではない。人権理念に助けられ、その発展を支えてきたはずの市民社会の中で、国際人権に挑戦するような勢力が拡大しているのは、なぜなのか(Hopgood, Snyder, and Vinjamuri 2017)。

## ポピュリズムの台頭という危機

現在の国際人権にとって最大の危機は、成熟した民主主義国家でのポピュリズムの台頭であろう。発展途上国での人権理念の押し付けに対する反発は、常に見られたものであり、それがポピュリズムやナショナリズムと結び付いて、人権状況の改善を難しくしてきたケースは枚挙にいとまがない。近年こうしたポピュリズム的な国際人権に対するバックラッシュが成熟した民主主義国家でも起こってきており、移民やマイノリティーに対する排外主義的な政策への支持が強まっている。国際人権理念の影響力が強くなりすぎたことで、これまでマジョリティーとして優位な立場を享受してきた人々が、人権と多様性の名の下に自分たちの立場を失うことに対する恐怖心に駆り立てられているのが一つの大きな原因であろう。国際機関の力が強くなり、自国の主権が脅かされていると感じているところに、人権というリベラルな国際的エリートの価値観を押し付けられ、移民を受け入れろ、マイノリティーの権利を守れと指示され、一方で自分たちの権利は守られていない。そう感じる人たちが増えているところに、カリスマ性を持つデマゴーグが排斥主義的なポピュリズムに火をつけることで、ブレグジットやトランピズムを筆頭に国際人権に対するバックラッシュと見られるような政治状況があちこちで現れ出した。

こうしたポピュリズムの台頭は、それが国際主義に背を向け、人権理念にも反するものである限りで、国際人権に対する大きな挑戦であると言える。ただし、このような下からの異議申し立ては、国際人権規範が人々の意識を変え、おかしいと思ったことに対して立ち上がり状況を変える力を生み出すという流れに沿ったものだとも言える。マイノリティー集団が自分たちの人権状況を改善する主張をする権利があるのと同様に、例えば白人労働者層がトランプ大統領の政策を支持したり、イギリスのEU離脱に賛成することも正当な人権行使である。しかし、こうしたポピュリスト的政策の中で、明らかに人権侵害を助長するような言説が頻繁に見られることは看過できない。社会的に不利な立場にある人々の人権を守りながら、急激な社会変化に対する社会のマジョリティーの反発を最小限に抑え、人権の実践を前に進めていくという難しい政治的バランスが求められるのが、これからの国際人権の営みである。人権理念の土着化(vernacularization)と呼ばれる、国際人権に反発する人々を土着の文化と結びつけて説得する努力が、これからは人権の発信地とされてきた欧米でも必要になるであろう(Merry 2006)。

## 逆風の中の国際人権

ポピュリズムの台頭を背景に、近年、国際人権に対する逆風がしばしば指摘される。ブレグジットやトランピズムに見られるように、第二次大戦後のリベラルな国際秩序の中心的な存在であった米英が内向きになり、一方で中国やロシアの存在感が増して、中央アジアから東ヨーロッパにかけての権威主義的国家が勢いづいている中、国際人権の枠組みが揺らいでいることは事実であろう。しかし、国際人権はこれまでも何度も同じような逆風にさらされてきており、その度にさらなる成長を遂げてきた。

まずは、1948年にジェノサイド条約と世界人権宣言が採択され、人権を中心とする戦後世界構築の機運が高まった時期。その矢先に朝鮮戦争が勃発、冷戦下の厳しい米ソ対立の時代が訪れ、国連での人権制度確立への動きにブレーキがかかり、国際人権規約も長いこと採択されない状況が続いた。次に、カーター政権の人権外交やヘルシンキ合意などで国際人権が大きな前進を見せた1970年代。その揺り戻しで1980年代に入って、レーガン大統領とサッチャー首相という保守政権が米英で誕生し、冷戦が再燃、人権の実践の向上への国際的努力は再び停滞する。そして、90年代に入って冷戦が終結、自由と民主主義が勝利した「歴史の終焉」が語られる中、国際人権の黄金時代到来かと思われたが、旧ユーゴスラビアとルワンダでのジェノサイドを目の当たりにし、国際人権機構の有効性に大きな疑問が投げかけられた。これに対する反省から、東ティモール紛争では国際社会の素早い介入が功を奏し、国際刑事裁判所を作るローマ規定も採択され、国際人権機構が機能し始めたかに見えたが、今度は2001年にアメリカ同時多発テロが起こり、それをきっかけにテロとの戦いが国際人権に大きな影を落とし、アメリカでは拷問の正当化までなされる。その後、アラブの春でイスラム諸国にも民主化の風が吹き始めたかと思えば、それに対する激しい揺り戻しが起こり、シリアやエジプトなど多くの国で政情不安定な状況が続き、その影響でヨーロッパに多くの難民・移民が押し寄せ、排外的なポピュリズムを後押しした。アメリカでもオバマ政権が誕生し、ポスト・レイシャルの時代に入って人種問題が終わったというような議論も見られたが、ブラック・ライブズ・マター運動に代表されるように黒人差別に対する不満は解消されておらず、白人保守層もティー・パーティーからトランプ支持の流れを作り、トランプ政権という大きな揺り戻しを起こした。

こうして人権の理念と政治の現実が一進一退の攻防を繰り広げてきたのが、国際人権の歴史であり、その都度、人権の危機が叫ばれた。その度に、国際人権は復活を遂げ、実は停滞の時代とされた時期にも人権活動が着々と進んでいたことが明らかになったのは、本書で見てきた通りである。

現在の逆風は、中露の台頭とアメリカの国際社会からの後退が主な要因だが、必要以上に悲観的になる必要はないし、人権の時代は終わって軍事力や経済力のぶつかり合いだけの国際社会になるなどと早計に結論を出して、「人権力」を忘れてはならない。米中間の人権に関する応酬が直接双方の国の人権の実践に影響を与えるかどうかは定かでないが、人権の正当性を前提とする議論である限りで、米ソ冷戦当時と同様に国際人権の理念としての力を高める効果はあるであろう。中国も人権理念を真っ向から否定しているのではなく、中国流の民主主義や人権があり、その方が欧米流よりも優れていると主張している。タリバンのような普遍的人権と逆行するような勢力も、政権を奪還するや人権を尊重すると発表しているし、テロ組織とされるようなグループでさえ、人権意識の高さを示そうとするものが少なくない(Jo 2015)。さらに一歩先を行っているのが、ヨーロッパ最後の独裁者と言われるベラルーシのルカシェンコ大統領で、彼は国際人権を逆手に取って、EU加盟国に入れるという甘言を弄して中東などから移民を呼び込み、ポーランドとの国境で多くの難民が発生する状況を作った。移民流入を阻止したいポーランドとEUが国境警備を強めると、その排外的で時に暴力的な対応を偽善的で人権侵害に加担していると批判している。これらの権威主義的体制が人権理念を持ち出す時に、それを額面通りに受け取ってはならないことはもちろんだが、こうした議論が人権の理念としての正当性を前提としていることは認識しておかなければならない。

ただし、国際人権の理念に様々な矛盾が内在することは本書でも指摘した通りである。市民的・政治的権利と経済的・社会的権利のバランス、文化相対主義と普遍的人権理念の葛藤、表現の自由とヘイト・スピーチの境界、中絶や安楽死の問題に絡んでくる人の命の始点と終点の問題など、一筋縄ではいかない哲学的・倫理学的議論が続いている。また、技術革新による新しい分野での人権問題も注目されている。世界の多くの国で、スマートフォンを持たなければ、市民としての生活にも支障をきたすような時代が到来している中、インターネットへのアクセスを普遍的人権と認めるべきか。ＳＮＳで圧倒的なスピードで情報が拡散する時代を迎え、それがアラブの春などで見られたように人権運動のためになることもあれば、ヘイトスピーチの拡散など人権侵害を助長する側面もある中で、国家をも凌ぐような力を持つ新しいメディアやプラットフォーマーに対してどのような法的規制が適切なのか。また、ＡＩやクオンタム・コンピューティングなどによるビッグデータの処理や顔認証技術などの向上で、個人のプライバシーが侵害されかねず、国家による監視技術も格段に進歩する中、個人の人権と社会の公益のバランスをどう取るのか。さらに、こうした技術の発展の中で、例えば犯罪に関する統計データを使ったアルゴリズムでマイノリティーに対する差別が再生産されるという問題、あるいは無意識のうちに開発者と同じ属性の人種や性別の人に有利な技術が生まれやすいという問題なども指摘される。こうした簡単に白黒がつけられない議論もたくさんあるが、全体として普遍的人権の理念は、理論のレベルでは依然として国際社会で高い正当性を保持しており、これが急速に消え去ることは考えにくい。

## 理想と現実のギャップ

その理念としての強さの一方で、実践に関しては国際人権は常に大きな限界を持っていた。過去の歴史でも、たびたび大きな人権侵害を止めることに失敗してきたのは本書で見てきた通りであるし、これからもその状況が簡単に変わる見通しは立っていない。こうした状況から、国際人権の進展もこんなものであろうという諦め、シニシズムが生まれてくる土壌もある。ポピュリズムほど注目されていないが、国際人権が向き合うべきもう一つの脅威は、このシニシズムの広がりであろう。国際人権の歴史を振り返れば、制度や規範の面での進展が目立つ一方で、実践への貢献という意味では、悲観的になる理由も十分にある。いくら人権の理想を語っても、現実が良くならないのであれば、国際人権に何の意味があるのか。多くの人々がこのような認識を持てば、強権的な国家に支持が集まり、平和的な主張が受け入れられないマイノリティーの運動はより暴力的になり、それを弾圧する国家もさらに暴力的になるという悪循環が生まれる。

国家が人権に関して美辞麗句を並べながら行動が伴わない時、それを偽善と指摘することは大事である。しかし、国家が偽善的な議論をやめて剥き出しの権力行使に及ぶ時、最も深刻な人権侵害が起こるのである。政治家やNGO、社会運動家が人権を称揚しながら、それに伴わない行動を取ることを偽善として批判することも重要である。しかし、人権を語る人が全員聖人であることを求めるのであれば、人権を語る資格のある人はいなくなり、人権概念自体が忘れ去られてしまうであろう。偽善がまかり通る社会にも大きな問題があるが、空虚な綺麗事がなくなった社会は市民にとってもっと恐ろしいものである。

理想と現実のギャップは、国際規範につきものであり、人権以外でも、環境問題から経済政策に至るまで、国際機関が掲げた理想が多くの国の現場で実現しなかったり、ある国の社会・文化に適さなかったりすることはしばしばである。その度に、このギャップを埋めようとする努力、国際的な理想を国内の現実に適合させようとする活動が続けられてきた。国際人権に関わる場合には、この理想と現実のギャップを常に認識し、それに絶望することなく、また理想の即時実現に過度の期待をすることもなく、冷静に人権の現場で対処しなくてはならない。国際人権の実効性の限界を理由に、国際人権の枠組みそのものを否定するような見解には同意することができない。なぜなら、理念が生き続けている限りは、長期的な実践の改善の可能性は残されているからである。理想と現実のギャップが埋まらないから、理想を捨ててしまえというのであれば、何のための理想なのかわからない。方法論を見直して、今までとは違うアプローチを取るなどは有効な対応策だろうが、偽善は排除するべきだから、人権理念の看板自体を下せというような議論はいかにも乱暴である。

そうは言っても、国際人権の枠組みに内在する限界は様々な形で露呈しており、対応を急がなければならない分野も多い。制度上の問題は既に第3章で検討した。根本的な問題の一つは、国連での人権活動の中でも最も短期的に実効性のある軍事介入や経済制裁、加害責任者の訴追に関しては、安全保障理事会の承認が必要であり、拒否権を持つ常任理事国がこれを妨害できるように制度化されていることである。五大国、特にアメリカ、ロシア、中国が拒否権を手放すような国連改革の可能性は限りなく低く、国連による実効性のある介入は今後もまたま政治的な状況がうまくそろった場合にしか起きないであろう。これは引き続き人権問題でのダブルスタンダード、すなわち人権侵害の度合いだけでなく、それが起こった国の地政学的位置付けによって、国際社会がどう動くかが決まるという状況を許すことであり、この現実は人権の理想を追求する立場からは受け入れ難いものである。しかし、国際人権に携わる人々は皆、この国際政治の現実に屈することなく、他のあらゆる手段を使って人権実践の向上に取り組んでいる。こうした国家間の枠組みの限界を突破してきたのは、常に市民社会であった。市民社会からの突き上げがなければ、国際人権機構の発展はあり得なかったし、人権制度が実効性を持つことも難しかった。人権の向上のために国際社会が持つ最も有効な道具が、NGOなどによる名指しでの批判(naming and shaming)であるとすれば、これが必ずしも即効性を持つアプローチではないことを認識しつつ、その有効性を高めていくことが重要になる。

また、人権に対する取り組みで今後、国家より伸びしろがあると期待されるのが企業である。中規模の国家などよりはるかに大きな経済力を持つ企業が数多く存在する一方で、これらの企業の人権分野での影響力の行使はまだ始まったばかりである。消費者に直接向かい合うビジネスは常にボイコットなどのリスクにさらされており、ESG投資などに大きな関心が世界中で集まっている現在、このリスクは高まる一方である。重層的なサプライチェーンでの労働環境や、取引先の国のガバナンスの問題など、一企業だけではなかなか対応しきれないようなレベルの課題も多く、政府や国際機関、NGOなどとも協力しながらの取り組みが必要となり、国連のグローバル・コンパクトやSDGsなどの奨励で、その機運も高まってきた。企業の人権分野での貢献が、環境やガバナンスと並んでますます注目される中、ビジネスが人権実践の向上に果たす役割に大きな期待が集まっている。

## 下から支える国際人権

本書では、国際人権のこれまでの歩みを振り返り、その人権実践に対する影響を検証してきたが、国際人権の発展がもたらした最も重要な変化は、その理念が人々の考え方を変えたことであろう。普遍的人権理念が世界中に広がり、多くの人が自分たちの人権のために行動できるような新たな見方(movement actorhood)を手に入れ、理不尽な現状を変えるために人権活動に携わるようになった(Tsutsui 2018)。そして、内政干渉肯定の原理の広がりで、国際人権機関が各国の政府に人権実践改善への圧力をかけられるようになったことで、自国の政府が聞く耳を持たず、抑圧が続いても、国際機関に訴えかけるという選択肢が生まれた。残念ながら、国際人権の枠組みは、しばしば大国の力に翻弄されて、思うような成果を上げられずにいる。現状変更には相当の時間がかかるし、始まってしまった大きな人権侵害を止める力は限られている。しかし、国際人権の理想が人々の権利に対する理解をアップデートし、新しい視点を与え、行動を促す力は大きく、弱い立場に甘んじてきた人々が、社会的不正義への抗議のために立ち上がるきっかけを作ってきた。そして、国際人権機構は団結して人権の理想を実現しようとする人たちが不条理を告発し、社会正義のためのメッセージを発信するプラットフォームを提供し、さらには時間をかけて国家を説得し、人権状況の改善をもたらす枠組みも用意した。一旦権利を持っていることを知った人々を虐げ続けることは容易ではなく、これからも市民社会からの人権の実践向上のための行動は続くであろう。しかし、そうした行動を受け入れない国家が社会運動を抑圧することも十分可能であること、そして厳しい弾圧が起こった場合には国際社会がそれを止める力は限られていることは常に認識しておかなければならない。

国際政治の現実を認識しながらも、人権理念の理想は下ろさず、国際人権システムは引き続きあらゆる手段で世界中の人権問題に対応していくであろう。21世紀初頭までの国際人権の歩みは、欧米諸国が中心になって国際人権機構を築き上げ、それらの国際機関がトップダウンで人権保護・啓発の活動を担ってきたという印象が強い。第二次大戦後何十年もかけて達成した制度作りと啓発活動によって、世界中で国際人権に対する理解は広まっている。欧米諸国で国際人権に対するバックラッシュが見られる現在、国際社会がトップダウンで人権を守るというこれまでの考え方ではなく、非欧米諸国も含めた世界中の市民社会がここ数十年の間に身につけた「人権力」を発揮して、ボトムアップ式に自国で、そして世界中で人権を守る取り組みを続けていく時代に入ったと考えるべきである(Tsutsui and Smith 2018)。現在の国際人権に対する逆風の中でも、世界中の市民社会で人権理念に力を与えられた人々が下から国際人権システムを支え続ければ、それが崩壊してしまうような事態は防げるであろう。「人権力」を身につけた市民社会という国際人権システムの中の政治的貯金を糧に、国際人権NGOや人権関連の法律家、研究者、運動家などが国家に対する突き上げを続けていけるかどうかが、これからの国際人権の一番の課題になってくる。

人権の進歩は直線的でスムーズなものではない。キング牧師が言ったように、倫理道徳の世界の弧は長いが、それは正義の方向へと向かっている。ここ数世紀の人権の発展の歴史は、この言葉を信じさせてくれるに足る証拠を提供してくれている。数々の失敗を経て、少しずつ「人権力」の時代が開け始めているのだ。この時代の未来にも多くの悲劇は待っているだろうし、明らかな後退もあるだろう。このような様々な限界、問題点は認識しなければならないが、近年のポピュリズムの跋扈《ばっこ》やリベラルな世界秩序への挑戦にもかかわらず、歴史の大きな流れとしては「人権力」の重要性が簡単に減じることはないだろう。それは、世界中のあちこちで普遍的人権規範を内在化した個人が増え続けているからであり、そのことを認識し、また今でも国家の力が圧倒的に強い国際社会の現実も踏まえつつ、日本はリベラルな普遍的人権の価値を重視する国のグループの中心的存在として、外交、内政を進めていくべきであろう。欧米でポピュリズムの台頭によって国際人権へのコミットメントが揺らぐ中で、日本は比較的ポピュリズムの影響を受けていない。これをチャンスと捉えて、日本が国際人権のリーダーとなり、国際社会でルールメイキングの中核を担えるような日が来ることを願いつつ本書を閉じたい。

# あとがき

本書は2021年秋から冬にかけて、収束を迎えたかと思われた新型コロナウイルスが新たな変異株として再び広がり出す中で書かれた。大学の授業は概ね対面で行われたが、学会やシンポジウムなどは軒並みキャンセルとなり、研究仲間との交流や新しい研究者との出会いの機会は激減し、これまでに様々な同僚や研究仲間からいかにたくさんの知的刺激をもらってきたかも、再認識させられたコロナ禍の日々であった。本文では業績の引用という形でしか表現できないが、改めてこれまで出会うことができた多くの同僚や研究仲間に感謝したい。そして「はじめに」でも書いたように、多くの学生や人権の現場で活躍する人々との出会いから学ばせてもらう機会を得たことに感謝し、人権を守るために活動する全ての人たちに心からの敬意を表したい。

本書の刊行にあたっては久保文明防衛大学校長に大変お世話になったことと、そして特に日本近現代史に関わる部分で筒井清忠帝京大学文学部長にご助言いただいたことに深謝申し上げたい。本書の出版にあたっては、深い知識と洞察とともに内容や図版に関して様々に助言し、時間的制約の中で我慢強く筆者を励まし続けてくださった岩波書店新書編集部の島村典行氏に心から感謝申し上げたい。また、コロナ禍で書斎に閉じこもって執筆する生活を暖かく見守ってくれた妻と子どもたちにも心からありがとうと言いたい。最後に、国際人権に興味を持ってこの本を手に取ってくださった読者の皆様に御礼申し上げるとともに、この本が皆さんの人権に対する理解を深めるための一助になることを祈りながら、筆を置かせていただきます。

2022年正月　カリフォルニア州スタンフォードにて

筒井清輝

# 参考文献


## 第1章

Benedict Anderson. 2006[1983]. *Imagined Communities: Reflections on the Origin and Spread of Nationalism*. Revised ed. Verso.

Gary Bass. 2008. *Freedom's Battle: The Origins of Humanitarian Intervention*. Vintage Books.

Mark Philip Bradley. 2016. *The World Reimagined: Americans and Human Rights in the Twentieth Century*. Cambridge University Press.

Eric Hobsbawm and Terence Ranger. 1983. *The Invention of Tradition*. Cambridge University Press.

Lynn Hunt. 2007. *Inventing Human Rights: A History*. W. W. Norton.

Margaret Keck and Kathryn Sikkink. 1998. *Activists beyond Borders: Advocacy Networks in International Politics*. Cornell University Press.

Paul Gordon Lauren. 2011. *The Evolution of International Human Rights: Visions Seen*. University of Pennsylvania Press.

Jenny Martinez. 2012. *The Slave Trade and the Origins of International Human Rights Law*. Oxford University Press.

Samuel Moyn. 2012. *The Last Utopia: Human Rights in History*. Harvard University Press.

## 第2章

Carol Anderson. 2003. *Eyes off the Prize: The United Nations and the African American Struggle for Human Rights, 1944–1955*. Cambridge University Press.

Gary Bass. 2010. "The Old New Thing." *The New Republic*. https://newrepublic.com/article/78542/the-old-new-thing-human-rights

Jack Donnelly and Daniel J. Whelan. 2020. *International Human Rights*. 6th ed. Routledge.

Emilie M. Hafner-Burton and Kiyoteru Tsutsui. 2005. "Human Rights in a Globalizing World: The Paradox of Empty Prom-

ises." *American Journal of Sociology*. Vol. 110, No. 5: 1373–1411.
Margaret Keck and Kathryn Sikkink. 1998. *Activists beyond Borders: Advocacy Networks in International Politics*. Cornell University Press.
Doug McAdam. 1999. *Political Process and the Development of Black Insurgency, 1930–1970*. 2nd ed. University of Chicago Press.
Julie A. Mertus. 2008. *Bait and Switch: Human Rights and U. S. Foreign Policy*. 2nd ed. Routledge.
Andrew Moravcsik. 2000. "The Origins of Human Rights Regimes: Democratic Delegation in Postwar Europe" *International Organization*, Vol. 54, No. 2: 217–252.
Thomas D. Musgrave 1997. *Self Determination and National Minorities*. Clarendon Press.
Samantha Power. 2002. *"A Problem from Hell": America and the Age of Genocide*. Basic Books.
Daniel C. Thomas. 2001. *The Helsinki Effect: International Norms, Human Rights, and the Demise of Communism*. Princeton University Press.
Kiyoteru Tsutsui and Christine Min Wotipka. 2004. "Global Civil Society and the International Human Rights Movement: Citizen Participation in Human Rights International Nongovernmental Organizations." *Social Forces*. Vol. 83, No. 2: 587–620.

## 第3章

Kwame Anthony Appiah. 2010. "The Art of Social Change." *New York Times*: October 22, 2010.
Michael Barnett. 2002. *Eyewitness to a Genocide: The United Nations and Rwanda*. Cornell University Press.
Christopher J. Fariss. 2014. "Respect for Human Rights Has Improved over Time: Modeling the Changing Standard of Accountability." *American Political Science Review*. Vol. 108, No. 2: 297–318.
Jared Genser and Irwin Cotler. 2012. *The Responsibility to Protect: The Promise of Stopping Mass Atrocities in Our Time*. Oxford University Press.

Emilie M. Hafner-Burton and Kiyoteru Tsutsui. 2005. "Human Rights in a Globalizing World: The Paradox of Empty Promises." *American Journal of Sociology*. Vol. 110, No. 5: 1373–1411.

Emilie M. Hafner-Burton. 2009. *Forced to Be Good: Why Trade Agreements Boost Human Rights*. Cornell University Press.

Emilie M. Hafner-Burton. 2013. *Making Human Rights a Reality*. Princeton University Press.

Oona A. Hathaway. 2002. "Do Human Rights Treaties Make a Difference?" *Yale Law Journal*. Vol. 111, No. 8: 1935–2042.

Aoife Hegarty and Hans Fridlund. 2016. "Taking Stock: the Universal Periodic Review's Achievements and Opportunities" *Open Global Rights*. https://www.openglobalrights.org/taking-stock-universal-periodic-reviews-achievements-an/

Shareen Hertel. 2006. *Unexpected Power: Conflict and Change among Transnational Activists*. Cornell University Press.

Stephen Hopgood. 2013. *The Endtimes of Human Rights*. Cornell University Press.

Sally Engle Merry. 2006. *Human Rights and Gender Violence: Translating International Law into Local Justice*. University of Chicago Press.

Samuel Moyn. 2018. *Not Enough: Human Rights in an Unequal World*. Harvard University Press.

OHCHR(Office of the High Commissioner for Human Rights). 2019. "Human Rights Committee Gives Top Grades for Follow-up to Five Countries." https://www.ohchr.org/EN/NewsEvents/Pages/HumanRightsCommitteeFollowUp.aspx

Eric A. Posner. 2014. *The Twilight of Human Rights Law*. Oxford University Press.

Samantha Power. 2002. *"A Problem from Hell": America and the Age of Genocide*. Basic Books.

Thomas Risse, Stephen C. Ropp, and Kathryn Sikkink. 1999. *The Power of Human Rights: International Norms and Domestic Change*. Cambridge University Press.

Thomas Risse, Stephen C. Ropp, and Kathryn Sikkink. 2013. *The Persistent Power of Human Rights: From Commitment to Compliance*. Cambridge University Press.

David Scheffer. 2012. *All the Missing Souls: A Personal History of the War Crimes Tribunals*. Princeton University Press.

Kelly J. Shannon. 2012. "The Right to Bodily Integrity: Women's Rights as Human Rights and the International Movement to End Female Genital Mutilation, 1970s–1990s." Pp. 285–310 in Akira Iriye, Petra Goedde, and William I. Hitchcock (eds.), *The Human Rights Revolution: An International History*. Oxford University Press.

Kathryn Sikkink. 2017. *Evidence for Hope: Making Human Rights Work in the 21st Century*. Princeton University Press.

Beth A. Simmons 2009. *Mobilizing for Human Rights: International Law in Domestic Politics*. Cambridge University Press.

Kiyoteru Tsutsui, Claire Whitlinger, and Alwyn Lim. 2012. "International Human Rights Law and Social Movements: States' Resistance and Civil Society's Insistence." *Annual Review of Law and Social Science*. Vol. 8: 367–396.

Kiyoteru Tsutsui. 2018. *Rights Make Might: Global Human Rights and Minority Social Movements in Japan*. Oxford University Press.

### 第4章

John Cioriciari and Kiyoteru Tsutsui 2021. *The Courteous Power: Japan and Southeast Asia in the Indo-Pacific Era*. University of Michigan Press.

Jens Dahl. 2012. *The Indigenous Space and Marginalized Peoples in the United Nations*. Palgrave Macmillan.

Paul Gordon Lauren. 1996. *Power and Prejudice: The Politics and Diplomacy of Racial Discrimination*. 2nd ed. Westview Press.

Sally Engle Merry. 2006. *Human Rights and Gender Violence: Translating International Law into Local Justice*. University of Chicago Press.

Naoko Shimazu. 1998. *Japan, Race and Equality: The Racial Equality Proposal of 1919*. Routledge.

Kiyoteru Tsutsui. 2006. "Redressing Past Human Rights Violations: Global Dimensions of Contemporary Social Movements." *Social Forces*. Vol. 85, No. 1: 331–354.

Kiyoteru Tsutsui. 2009. “The Trajectory of Perpetrators’ Trauma: Mnemonic Politics around the Asia-Pacific War in Japan.” *Social Forces*. Vol. 87, No. 3: 1389–1422.
Kiyoteru Tsutsui. 2018. *Rights Make Might: Global Human Rights and Minority Social Movements in Japan*. Oxford University Press.

阿部ユポ「アイヌ民族の復権運動」，上村英明監修，藤岡美恵子，中野憲志編『グローバル時代の先住民族——「先住民族の 10 年」とは何だったのか』法律文化社，2004 年，39–49 頁.
五百旗頭真編『戦後日本外交史 第 3 版補訂版』有斐閣，2014 年.
榎森進『アイヌ民族の歴史』草風館，2007 年.
北岡伸一『国連の政治力学——日本はどこにいるのか』中央公論新社，2007 年.
高坂正顕『近世日本の人間尊重思想(上)』福村出版，1968 年.
小内透編著『現代アイヌの生活と意識：2008 年北海道アイヌ民族生活実態調査報告書』北海道大学アイヌ・先住民研究センター，2010 年 3 月.
佐藤繭香「ガントレット恒子と女性参政権運動：日本キリスト教婦人矯風会の国際的なネットワーク」『麗澤大学紀要』第 103 巻，2020 年 3 月.
申惠丰『国際人権入門』岩波書店，2020 年.
先住民族の 10 年市民連絡会研究プロジェクトチーム編『アイヌ民族の国連活動の成果と展望：20 年間の活動をふりかえる』先住民族の 10 年市民連絡会，2009 年.
瀧井一博『伊藤博文——知の政治家』中央公論新社，2010 年.
田中伸尚『大逆事件　死と生の群像』岩波書店，2010 年.
田中宏『在日外国人 第三版——法の壁，心の溝』岩波書店，2013 年.
崔昌華「拒否闘争の経過と人権」，「ひとさし指の自由」編集委員会編『ひとさし指の自由——外国人登録法・指紋押捺拒否を闘う』社会評論社，1984 年，10–29 頁.
友永健三「国連と部落問題——歴史・現状・課題」『部落解放研究』155，2003 年 12 月.
韓さんの指紋押捺拒否を支える会編『指紋拒否者が裁いたニッポン』社会評論社，1990 年.

「ひとさし指の自由」編集委員会編『ひとさし指の自由――外国人登録法・指紋押捺拒否を闘う』社会評論社，1984 年．

福家崇洋「社会運動の諸相」，筒井清忠編『大正史講義』筑摩書房，2021 年，246–260 頁．

松沢弘陽「明治社会主義の思想」，日本政治学会編『日本の社会主義』岩波書店，1968 年．

三谷太一郎『日本の近代とは何であったか――問題史的考察』岩波書店，2017 年．

嶺山敦子「久布白落実と婦人参政権運動をめぐって――1920 年代を中心に」『Human Welfare』第 3 巻第 1 号，2011 年．

## おわりに

Carol Anderson. 2016. *White Rage: The Unspoken Truth of Our Racial Divide*. Bloomsbury USA.
Stephen Hopgood, Jack Snyder, and Leslie Vinjamuri. 2017. *Human Rights Futures*. Cambridge University Press.
Hyeran Jo. 2015. *Compliant Rebels: Rebel Groups and International Law in World Politics*. Cambridge University Press.
Sally Engle Merry. 2006. *Human Rights and Gender Violence: Translating International Law into Local Justice*. University of Chicago Press.
Kiyoteru Tsutsui. 2018. *Rights Make Might: Global Human Rights and Minority Social Movements in Japan*. Oxford University Press.
Kiyoteru Tsutsui and Jackie Smith. 2018. "Human Rights and Social Movements: From the Boomerang Pattern to a Sandwich Effect." Pp. 586–601 in David Snow, Sarah Soule, Hanspeter Kriesi, and Holly J. McCammon (eds.), *Wiley Blackwell Companion to Social Movements* 2nd ed. Wiley.

筒井清輝

1971年東京生まれ．1993年京都大学文学部卒業，2002年スタンフォード大学 Ph.D. 取得(社会学)，ミシガン大学社会学部教授，同大日本研究センター所長，同大ドニア人権センター所長などを経て，現在，スタンフォード大学社会学部教授．同大ヘンリ・H & トモエ・タカハシ記念講座教授，同大アジア太平洋研究センタージャパンプログラム所長，同大フリーマンスポグリ国際研究所シニアフェロー，東京財団政策研究所研究主幹．専攻は，政治社会学，国際比較社会学，国際人権，社会運動論，組織論，経済社会学など．
著書に，*Rights Make Might: Global Human Rights and Minority Social Movements in Japan* (Oxford University Press 2018)，*Corporate Social Responsibility in a Globalizing World* (Cambridge University Press 2015，共編著)，*The Courteous Power: Japan and Southeast Asia in the Indo-Pacific Era* (University of Michigan Press, 2021，共編著)．

人権と国家
— 理念の力と国際政治の現実　　岩波新書(新赤版)1912

2022年2月18日　第1刷発行
2023年5月25日　第5刷発行

著　者　筒井清輝《つついきよてる》

発行者　坂本政謙

発行所　株式会社 岩波書店
〒101-8002 東京都千代田区一ツ橋 2-5-5
案内 03-5210-4000　営業部 03-5210-4111
https://www.iwanami.co.jp/

新書編集部 03-5210-4054
https://www.iwanami.co.jp/sin/

印刷・三陽社　カバー・半七印刷　製本・中永製本


ISBN 978-4-00-431912-2　　Printed in Japan

# 岩波新書新赤版一〇〇〇点に際して

ひとつの時代が終わったと言われて久しい。だが、その先にいかなる時代を展望するのか、私たちはその輪郭すら描きえていない。二〇世紀から持ち越した課題の多くは、未だ解決の緒を見つけることのできないままであり、二一世紀が新たに招きよせた問題も少なくない。グローバル資本主義の浸透、憎悪の連鎖、暴力の応酬——世界は混沌として深い不安の只中にある。

現代社会においては変化が常態となり、速さと新しさに絶対的な価値が与えられた。消費社会の深化と情報技術の革命は、種々の境界を無くし、人々の生活やコミュニケーションの様式を根底から変容させてきた。ライフスタイルは多様化し、一面では個人の生き方をそれぞれが選びとる時代が始まっている。同時に、新たな格差が生まれ、様々な次元での亀裂や分断が深まっている。社会や歴史に対する意識が揺らぎ、普遍的な理念に対する根本的な懐疑や、現実を変えることへの無力感がひそかに根を張りつつある。そして生きることに誰もが困難を覚える時代が到来している。

しかし、日常生活のそれぞれの場で、自由と民主主義を獲得し実践することを通じて、私たち自身がそうした閉塞を乗り超え、希望の時代の幕開けを告げてゆくことは不可能ではあるまい。そのために、いま求められていること——それは、個と個の間で開かれた対話を積み重ねながら、人間らしく生きることの条件について一人ひとりが粘り強く思考することではないか。その営みの糧となるものが、教養に外ならないと私たちは考える。歴史とは何か、よく生きるとはいかなることか、世界そして人間はどこへ向かうべきなのか——こうした根源的な問いとの格闘が、文化と知の厚みを作り出し、個人と社会を支える基盤としての教養となった。まさにそのような教養への道案内こそ、岩波新書が創刊以来、追求してきたことである。

岩波新書は、日中戦争下の一九三八年一一月に赤版として創刊された。創刊の辞は、道義の精神に則らない日本の行動を憂慮し、批判的精神と良心的行動の欠如を戒めつつ、現代人の現代的教養を刊行の目的とする、と謳っている。以後、青版、黄版、新赤版と装いを改めながら、合計二五〇〇点余りを世に問うてきた。そして、いままた新赤版が一〇〇〇点を迎えたのを機に、人間の理性と良心への信頼を再確認し、それに裏打ちされた文化を培っていく決意を込めて、新しい装丁のもとに再出発したいと思う。一冊一冊から吹き出す新風が一人でも多くの読者の許に届くこと、そして希望ある時代への想像力を豊かにかき立てることを切に願う。

（二〇〇六年四月）

## 政治